数字普惠金融译丛

中小企业融资的高级原则、评估框架与国际实践

High-Level Principles, Assessment Framework and
International Practice of Small and
Medium-sized Enterprises Financing

普惠金融全球合作伙伴（GPFI） 等 著
中国人民银行金融消费权益保护局 译

东北财经大学出版社
Dongbei University of Finance & Economics Press
大连

辽宁省版权局著作权合同登记号06-2020年第248号

High-Level Principles，Assessment Framework and International Practice of Small and Medium-sized Enterprises Financing

Copyright © 2017 by International Bank for Reconstruction and Development/The World Bank，GPFI.

图书在版编目（CIP）数据

中小企业融资的高级原则、评估框架与国际实践 / 普惠金融全球合作伙伴（GPFI）等著；中国人民银行金融消费权益保护局译. —大连：东北财经大学出版社，2021.4
（数字普惠金融译丛）
ISBN 978-7-5654-4158-5

Ⅰ．中…　Ⅱ．①普…②中…　Ⅲ．中小企业－企业融资－研究　Ⅳ．F276.3

中国版本图书馆CIP数据核字〔2021〕第055914号

东北财经大学出版社出版发行

　　大连市黑石礁尖山街217号　邮政编码　116025
　　网　　址：http://www.dufep.cn
　　读者信箱：dufep@dufe.edu.cn
大连图腾彩色印刷有限公司印刷

幅面尺寸：185mm×260mm　字数：163千字　印张：11.25
2021年4月第1版　　　　　2021年4月第1次印刷
责任编辑：吉　扬　　　　　责任校对：鑫　芃
封面设计：张智波　　　　　版式设计：原　皓
定价：46.00元

教学支持　售后服务　　联系电话：（0411）84710309
版权所有　侵权必究　　举报电话：（0411）84710523
如有印装质量问题，请联系营销部：（0411）84710711

中小企业融资的高级原则、评估框架与国际实践
（代序）

中小企业是普惠金融的重要服务对象。全球超过90%的企业是中小企业，中小企业创造了超过50%的就业机会，在就业、投资、创新及经济增长等方面起着极其重要的作用。然而中小企业融资问题一直是一个国际性难题，极大制约了中小企业潜能发挥。根据世界银行的估算，全球中小企业的融资缺口总额在2.1万亿~2.6万亿美元。鉴于此，国际社会一向重视中小企业融资议题。

近年来，二十国集团（G20）持续关注中小企业融资议题，认为政府在中小企业融资中需要发挥的主要作用是营造高效、公平、透明的信用基础设施和制度环境，从而降低信息不对称性，并提供必要的法律保障。具体而言，G20将征信体系、担保制度和破产制度作为改善中小企业融资环境的三大支柱。

2015年，G20安塔利亚峰会核准了《二十国集团/经合组织中小企业融资高级原则》和《二十国集团中小企业融资行动计划》，前者强调理念，后者强调行动，二者相互补充，彼此强化。G20成员一致同意通过有针对性的行动充分改善中小企业信用基础设施，提高中小企业融资能力，营造有利的监管环境以促进竞争。其中有三项重点改革措施分别是改善中小企业征信体系，鼓励银行和非银行金融机构接受动产作为抵押物贷款给中小企业，改革中小企业破产制度，旨在解决中小企业融资过程中的信息不对称、担保物不足、破产清算难等问题。

2016年，G20杭州峰会核准了《二十国集团中小企业融资行动计划实施框架：信用基础设施国家自评估》。在《二十国集团中小企业融资行动计划》的基础上，G20为了查找中小企业融资领域的问题和推广各国成功的改革经验，进一步设计了相关的自评估框架，鼓励各国对照国际良好实践进行诊断评估，持续改善中小企业

融资环境。2017年和2019年，G20成员根据该自评估框架进行了两次自评估。

2017年，G20汉堡峰会公报强调："将提供更优的融资条件、技术以及培训设施，帮助中小企业提高自身能力，融入可持续和包容的全球供应链。"同年，G20普惠金融全球合作伙伴（GPFI）发布了《可持续全球价值链中的中小企业融资》报告，从政府、金融机构、企业等不同角度，为参与全球价值链的中小企业融资服务提供了指引。

2018年，G20布宜诺斯艾利斯峰会通过了《G20普惠金融政策指引：数字化与非正规经济》，其中将替代性数据在征信中的使用作为数字普惠金融服务中小企业的重要创新点。同年，GPFI发布了《运用替代性数据强化征信功能，提高非正规经济中个人和中小企业数字金融服务可得性》报告，为替代性数据在中小企业融资中的运用提供了政策指引。

G20有关中小企业融资的一系列成果对于中国普惠金融发展具有很强的指导和借鉴意义，有助于解决中国中小企业融资难、融资贵、融资慢等问题。因此，我们决定将这些成果结集翻译出版，以促使这些成果得到更为广泛的关注和应用，便于国内读者更好地从国际视角理解中小企业融资问题，从而推动社会各界在中小企业融资领域开展深入的研究和有益的实践。

是为序。

中国人民银行金融消费权益保护局局长　**余文建**
2021年2月

目　录

报告一
二十国集团中小企业融资行动计划

二十国集团（G20）普惠金融全球合作伙伴（GPFI）中小企业融资小组与投资和基础设施工作组（IIWG）联合行动计划

中国人民银行金融消费权益保护局　译
2019年11月

概要

全球范围内，中小企业（SME）在提高就业率、创造工作岗位、增加投资、推动创新和促进经济增长等方面发挥着重要作用。中小企业约占全球企业总数的90%，提供了全球50%以上的就业岗位，因而对于世界经济复苏至关重要。考虑到中小企业的重要作用，应设法使具有发展潜力的中小企业获得发展所需的信贷。

二十国集团（G20）应鼓励G20国家和非G20国家充分完善中小企业信用基础设施，通过有针对性的学习和支持干预措施提高中小企业的融资能力，并通过有利的监管环境促进竞争。缺乏健全的金融基础设施是中小企业信贷市场的主要问题之一。健全的金融基础设施将有助于各国降低信息不对称程度和法律不确定性，而这些问题会增加出借人的风险并限制中小企业的融资供应。

G20投资和基础设施工作组（IIWG）以及G20普惠金融全球合作伙伴（GPFI）中小企业融资小组一直致力于推动中小企业融资。基于之前的工作，G20将根据情况采取以下行动：

一、G20国家金融市场基础设施改革

金融市场基础设施有三项优先改革措施，它们是本行动计划的重点实施领域，此前这三项改革也已得到G20的支持。这三项措施在G20以往的工作中都有充分记载，也已建立了稳健的评估框架，以预估这些措施对中小企业融资可得性的影响。所有这些领域的改革将为G20国家的中小企业带来重大益处。各国在采取相关领域的行动时都将考虑到现行监管和司法的情形以及正在进行的其他改革。此外，感兴趣的低收入发展中国家可以通过现有的G20倡议（如《中小企业融资协定》）以及因GPFI推动该议程而受益。

三项优先改革措施是：

1.改进中小企业征信制度；

2.改革贷款制度，允许银行和非银行金融机构向中小企业提供动产抵押贷款；

3.破产制度改革。

二、延续知识议程

基于GPFI之前的工作，继续关注创办中小企业的女性企业家、青年企业家，以及农业中小企业等群体仍然很重要，并且这些持续关注的领域将在新的知识主题及数据工作中得到优化。行动计划的知识和政策议程包括新的相关重点主题，这些主题具有改善中小企业融资渠道的巨大潜力：

1.创新中小企业融资政策和工具的驱动因素和制约因素；

2.解决中小企业数据缺口；

3.中小企业的长期融资——不同融资工具的作用。

引言

G20 IIWG和G20 GPFI中小企业融资小组一直以来均致力于促进中小企业融资的相关工作，包括在国家层面支持投资环境改善、促进金融中介发展、建立稳定的金融体系，从而依据负责任金融原则为中小企业提供融资，并在特定领域深入探索并共享知识。

全球范围内，中小企业在促进就业、创造工作岗位、增加投资、培育创新和促进经济增长方面发挥着重要作用。中小企业约占全球企业总数的90%，提供了50%以上的就业岗位[①]，因而对世界经济复苏至关重要。考虑到中小企业发挥的重要作用，确保全球具有发展潜力的中小企业获得发展所需的信贷，显得尤为必要。

---

① IFC Issue Brief on SME, 2012.

此联合行动计划将建立一项机制，用于：（1）促进 G20 GPFI 中小企业融资小组与 G20 IIWG 之间的对话；（2）视情况对 G20 支持的、在 G20 成员国和非 G20 成员国开展的成功的改革和政策措施予以推广，增加具有增长和创造就业前景的中小企业的融资可得性，各国在相关领域采取行动时应考虑到现行监管和司法体制以及其他正在进行的改革；（3）在不同的 G20 工作组中推进中小企业融资议程（也包括执行伙伴和国际组织额外的工作），但重点关注低收入发展中国家，旨在通过 G20 增加向中小企业的投资以及促进中小企业自身的投资。

此行动计划受益于 IIWG 和 GPFI 小组当前开展的工作（见附录1）。目前积极支持 IIWG 和 GPFI 工作的国际组织也将为该行动计划提供支持。[1]

背景

金融危机之后，即使在 G20 国家，中小企业在获得融资方面也一直面临挑战。这些挑战对规模较小和成立时间较短的公司影响较大：在 G20 发展中国家中，有 26% 的中小企业反映，融资问题仍然是其发展的一大障碍[2]，这一问题在某些 G20 发展中国家尤为严重。G20 发达国家面临此类挑战的压力略小，但形势仍然严峻，在欧盟国家中，有 13% 的中小企业也将融资问题视为制约发展的主要因素[3]，那些新近加入欧盟的国家此比例更高。

---

[1] IIWG 的执行伙伴是经合组织（OECD）、世界银行集团（WBG）、国际货币基金组织（IMF），以及多边开发银行，GPFI 的执行伙伴是世界银行集团（WBG）、普惠金融联盟（AFI）、扶贫协商小组（CGAP）、经合组织（OECD）、优于现金联盟（BTCA），以及国际农业发展基金（IFAD），GPFI 的附属伙伴是国际儿童及青少年金融教育联盟（CYFI）、世界妇女银行（WWB），以及小额保险网络（Microinsurance Network）。
[2] Enterprise Surveys（WBG，2013 and 2014）.按照全球方法数据可得的国家包括：阿根廷、巴西、中国、印度、印度尼西亚、墨西哥、俄罗斯、沙特阿拉伯、南非，以及韩国和土耳其。
[3] The European Commission Survey on the Access to Finance for Enterprises（SAFE），April-September 2014，p.12.

据估计，全球中小企业的信贷缺口为2.1万亿~2.6万亿美元[①]，相当于目前中小企业信贷余额的30%~36%。根据以上数据，大约1.3万亿美元[②]的信贷需求来自G20国家——几乎占发展中国家信贷缺口的50%。大部分融资通常在当地筹集。此外，全球有2亿~2.45亿家无法获得金融服务或获得金融服务不足的企业[③]，其中约1.2亿家位于G20国家。在这些未获得金融服务和服务不足的企业中，平均90%以上是正规的微型企业或非正规中小企业[④]。这些醒目的数字强调了在G20层面解决中小企业融资难题的重要性。

在此背景下，政策制定者和私人部门都有机会在各个层面努力，鼓励出台更好的政策，以提升中小企业融资可获得性。金融市场基础设施是这些政策应该关注的关键领域之一。近年来，G20多次表示，建立强大的金融市场基础设施非常重要。金融市场基础设施可为经济带来很多益处，尤其是有利于中小企业，这在一定程度上说明了金融市场基础设施的重要性。金融市场基础设施可以降低金融机构服务中小企业的成本和风险，为更现代和更有效的贷款发放技术开辟道路，并提高能够有效获得金融服务的中小企业比例。虽然金融市场基础设施的发展改善了所有企业的融资状况，但中小企业从这些发展中的获益相对更多，因为金融市场基础设施所减轻的信息不透明和信息不对称问题，在小企业中更为严重。

近年来，G20多次强调建立强大的金融市场基础设施的重要性（见附录2）。

[①] SME Finance Forum（financegap.smefinanceforum.org）．该研究涉及发展中国家的中小企业，因此，信贷缺口的相关数据不包括发达国家（经合组织）的中小企业。

[②] 以下国家数据可得：阿根廷、巴西、中国、印度、印度尼西亚、墨西哥、俄罗斯、沙特阿拉伯、南非，以及韩国和土耳其。

[③] SME Finance Forum．按照数据库的方法，"没有获得金融服务"是指没有贷款或透支但实际有此需求的中小企业；"获得金融服务不足"是指有贷款但仍然存在融资约束的中小企业。

[④] 据估计，非正规企业占全球中小微企业的74%左右，占发展中国家中小企业的77%左右。

联合行动计划重点领域

一、G20国家金融市场基础设施改革

G20认识到，未来建议采取的主要行动之一是"加快并复制成功的政策改革，促进向中小企业提供金融服务[①]"。作为影响金融市场基础设施领域改革选择和次序的第一步，有必要对国际良好实践进行诊断性评价。为制定这些最佳做法，金融稳定理事会（FSB）与国际货币基金组织（IMF）、世界银行集团（WBG）协调确定了那些对于稳健的金融体系至为关键的领域和标准。《征信通用原则》已作为金融体系稳健性的相关标准列入金融稳定理事会的标准汇编之中。标准得到了各标准制定机构（SSB）的认可。同样，在破产及债权人权利领域，《破产及债权人权利》（ICR）也被视为一项国际标准。

令人惊讶的是，据初步评估，G20国家对这些国际标准的遵守程度存在巨大差异。事实上，一些G20国家远未执行相关国际标准：

●担保交易领域是G20国家表现差异最大的领域。例如，一些G20国家仍然使用文件登记方式，而非现代通知登记制度。文件登记方式需要在登记机构交付和记录协议等相关文件。其他国家没有为各种类型动产设立集中登记或单独登记机构。

---

① 2014 Financial Inclusion Action Plan. 关注中小企业融资的GPFI出版物提供了有关中小企业融资关键维度、示例案例或诊断分析的有益参考。这些出版物包括：Enhancing SME Access to Finance – Case Study；SME Finance – New Findings, Trends and G20 / GPFI Progress，Impact Assessment Framework for SME Finance，Innovative Agricultural SME Finance Models，Strengthening Access to Finance for Women–Owned SMEs in Developing Countries；SME Finance Policy Guide；Scaling–Up Access to Finance Agricultural SMEs；Scaling–Up SME Access to Financial Services in the Developing World – Stocktaking Report。所有出版物均可在网址http://www.gpfi.org/publications获得.

● G20国家的破产制度效率也有差异。尽管与担保交易相比差距相对较小，但一些国家远未实施最佳国际做法。例如，在若干G20国家，早期重整是不可能的。在另一些国家，担保债权人不受自动冻结的影响，或者债务人不能在破产程序启动后获得新融资。结果是，仍具有活力的企业进入了清算程序[1]。

● 征信领域是G20国家表现最为一致的领域。事实上，很多G20国家拥有强大的征信制度框架。其他国家也有改进的空间，例如那些不发布零售商或公共事业公司数据的国家。

改革建议及其带来的好处同样适用于G20国家和非G20国家，并且可通过伙伴关系，例如通过《中小企业融资协定》，得到低收入发展中国家的支持。

在金融市场基础设施领域，有三项关键的优先改革措施，这些措施先前已得到G20的支持，是本行动计划的实施重点：

1.允许银行和非银行金融机构向中小企业提供动产抵押贷款的改革

一般来说，中小企业拥有的不动产很有限，但拥有各种各样的动产。通过在贷款合同中使用可用的动产作为抵押物来提供贷款，有效的担保交易制度推动了贷款的发放与提供。新兴市场经济体担保交易改革产生了巨大的影响。这些实例很好地说明了此类改革在中小企业融资领域所产生的潜在改革效应。例如，2007年10月至2011年6月，中国的担保交易改革累计促成了3.58万亿美元的应收账款融资，其中中小企业融资为1.09万亿美元[2]。

证据[3]显示，改革动产抵押登记制度可使企业获得信贷的可能性提高8%，利率下降3%。此外，由银行融资的营运资本比重增加了10%（其他例子见附录2）。

2.破产制度改革

有效的破产制度具有双重目标：拯救有生存能力的企业，同时促使没有经济效

---

① 这种情况引起了欧盟委员会（European Commission）的注意。2014年3月，欧盟委员会发布了一份建议，敦促成员国改革本国的破产制度框架，该建议基于两大支柱：（1）采用预防性重整框架，使陷入困境的企业能够在早期阶段进行重整；（2）制定条款，推动在可允许的宽限期之后清偿全部债务，从而为企业家创造第二次机会。

② 国际开发咨询公司Dalberg对中国动产抵押登记项目进行了独立评估，以验证结果并收集对不同层面影响的额外信息。研究使用的数据由中国抵押登记机构（the Chinese Collateral Registry's）提供。

③ "Collateral registries for movable assets: does their introduction spur firms' access to bank finance?" -Love, Martinez-Peria, Singh（2013）.

益的企业高效和有序地"退出"。以重整为导向的破产制度在减轻投资者和债权人风险方面发挥着至关重要的作用，而这反过来又有助于提高获得信贷的机会，降低信贷成本，并有助于建立更稳定的金融体系。得益于重整程序，债权人愿意提供更多的信贷，债务人有机会继续经营，雇员也得以保住他们的工作。

一项关于巴西2005年破产法改革的研究报告显示，巴西私人信贷市场增长显著[①]。在公司层面，信贷总额增加了10%~17%，长期信贷增加了23%~74%（其他例子见附录2）。

3.中小企业征信制度改进

征信系统可促进负责任的融资，进而有助于确保金融稳定，在向无法获得银行服务及获得银行服务不充分人群提供信贷及其他相关服务方面，征信系统也起着关键作用。征信系统的作用在于向贷方提供客观信息，使贷方得以降低贷款组合风险、降低交易成本并扩大贷款总量，从而促进贷款业务良性发展。小企业也会因征信机构的设立而获益。

实证研究表明，因其有助于缓解市场信息不对称效应，所以信用信息共享对于降低小企业融资约束至关重要。有关这一领域的研究[②]表明，在没有信用信息共享系统的国家，声称存在融资约束的公司占比为49%，而在那些拥有此类系统的国家该比例为27%，出现了明显下降。同一项研究表明，小企业获得银行贷款的可能性从没有征信机构国家的28%增加到拥有征信机构国家的40%（见附录2）。同样，另一项研究[③]表明，设立征信机构可以提高企业获得融资的可能性、降低贷款利息、延长贷款期限，并提高银行提供的营运资金比例。

所有这三项措施在G20过去的工作中都有很好的记录，并建立了坚实的框架来估计这些措施对中小企业融资可得性的预期影响。所有这些领域的改革都可能对G20国家的中小企业带来巨大好处。每个在这些领域采取的行动将考虑到目前各国的监管和管辖安排现状，以及正在进行的其他改革。这些改革可能需要时间来实

[①] Ferreira and Funchal（2012）.
[②] Love and Mylenko（2004）.
[③] "The Impact of Credit Information Sharing Reforms on Firm Financing"，WBG，2014.该研究运用多个年份公司层面的数据，对2002—2013年间63个国家75 000余家企业进行了调查，分析了引入信用信息共享系统对企业融资的影响。该研究的发现不仅在统计上是显著的，而且具有经济意义。

施，虽然有些国家已做好了迅速取得进展的准备，但另一些国家需更多地适应现有的法律和制度，而且需要更长的时间。此外，还将有机会让感兴趣的低收入发展中国家通过借助G20现有的机制（如《中小企业融资协定》）而获益，并邀请发展工作组（DWG）通过GPFI推动这一议程。

报 告

通过GPFI和IIWG的现有架构，G20成员将分享有关这些领域国家层面的进展和最佳实践的信息，并鼓励非G20国家加入，为全球知识共享作出贡献。编制信息和报告的方法将由GPFI和IIWG协调确定。

二、延续知识议程

基于GPFI之前的工作，继续关注创办中小企业的女性企业家[①]、青年企业家，以及农业中小企业等群体仍然很重要，并且这些持续关注的领域将在新的知识主题及数据工作中得到优化。行动计划的知识和政策议程包括新的相关重点主题，这些主题具有改善中小企业融资渠道的巨大潜力：

1.创新中小企业融资政策和工具的驱动因素和制约因素

创新中小企业融资：信息技术是现代经济竞争、创新和变革的最强大驱动力之一。我们需要更有效地利用信息和通信技术（ICT）来改善中小企业融资模式，特别是在众筹/市场化借贷等新领域。此外，值得注意的是，因为对信息和通信技术及其发展潜力理解有限，中小企业受此影响最为严重。信息和通信技术可以在提高中小企业金融及管理能力方面发挥关键作用，是解决制约中小企业成长另一重要问

---

① 此处需要说明的是，据估计，在140多个国家中，至少拥有一名女性所有者的中小企业有800万~1 000万家，占所有中小企业的31%~38%（IFC，2014）。

题的钥匙。许多有前景的新技术正在一些低收入的发展中国家兴起，或可能在这些国家有更大的商业可行性。

- "金融科技（Fintech）"主要在三个方面可能对中小企业有所帮助：降低银行获取中小企业客户重要信息的成本（例如，替代性数据）；提供替代性渠道以降低服务交付成本（例如，手机、卡、互联网等）；提供利用新的信息和通信技术以可负担的价格交付的，实时、敏捷、适用性强的支持性服务，帮助中小企业更好地管理业务（例如，财务管理、营销）。

- 为供应链/价值链融资、应收账款贴现等业务提供数字平台，明确那些更具标准化、协调性潜能的方法，以促进国内商务和跨境商务发展。

- 新的参与者正进入金融服务市场，包括通信公司、支付公司、众筹以及"市场化借贷运营商"。

- 明确电子采购（尤其是政府采购）方面的最佳实践，以及它如何推动中小企业开拓市场及使用电子支付。

2.解决中小企业数据缺口

供给侧数据：推动提供有关中小企业融资的通用核心数据。这要求全面看待中小企业融资数据缺口，不仅包括银行信贷数据，还包括非银行债务数据（短期和长期），以及各类风险资本（股权、准股权）等。应推出解决这一数据缺口的行动计划，在此方面需综合考虑G20、IIWG/GPFI的执行伙伴、标准制定机构和其他机构可能发挥的作用。

需求侧数据：（1）通过支持研究方法的创新和良好经验的交流（包括及时交流G20成员国所采取的措施），深入了解不同类型（短期或长期）融资对就业、生产率、利润等方面的影响。（2）G20小组优先考虑中小企业融资数据缺口最大的一组国家，并调动资源以增加其国家层面需求侧数据的频率和深度（例如，世界银行企业调查）。

3.中小企业长期融资：不同融资工具的作用

应了解这些融资工具：（1）担保、资产支持及基于资产的结构化产品（如证券化、项目债券、担保债券、伊斯兰债券（sukuks）等）、债务基金、股权和准股权。（2）这些工具目前在发达国家和新兴经济体的使用情况。（3）使用中小企业融资工具所面临的挑战，以及其他问题或关注点，包括对金融稳定的潜在风险。（4）使用这些融资工具的新进展和方式。

时间表

　　IIWG 和 GPFI 中小企业融资小组一致同意按照知识议程的既定形式和时间表交付成果，并通过现有报告机制（如 GPFI 进展报告）在《联合行动计划》框架下报告进展情况。同时，还应借助 GPFI 支付和市场体系小组的研究成果，该小组也在相关领域积极贡献知识，例如，运用技术于客户识别、转账和支付。

附录 1：IIWG 和 GPFI 当前的工作

G20 投资和基础设施工作组（IIWG）

　　在 2 月 9—10 日伊斯坦布尔和 4 月 16—17 日华盛顿的会议上，经合组织（OECD）分别向 G20 财长和央行行长提交了以下报告：

- 《中小企业和创业融资新途径：拓宽融资工具范围》
- 《银行贷款以外的中小企业债务融资：证券化、债券和私募的作用》
- 《2015 年中小企业和企业家融资：OECD 计分卡》

根据 2 月和 4 月 G20 财长和央行行长会议提出的要求，IIWG 正开展以下工作：

- 根据伊斯坦布尔 G20/OECD 公司治理论坛的讨论结果，我们计划在 9 月会议前提交《公司治理原则》（修订版），以及中小企业运用这些原则的报告。
- 我们要求 OECD 及其他相关的国际组织在 9 月会议前制定中小企业融资自愿性高级原则。
- 我们要求 OECD 更新其《中小企业和征税报告》。该报告于 2009 年首次发布，用于分析当时中小企业税收政策和管理措施。

- 我们还要求世界银行集团（WBG）和伊斯兰开发银行集团在2015年9月会议前撰写资产支持的融资报告，重点是中小企业融资。
- 世界中小企业论坛于2015年5月成立，其职责是提出倡议，提供专业知识及电子知识，以保障中小企业更好地发挥其在可持续发展和就业方面的引领作用。

G20普惠金融全球合作伙伴（GPFI）中小企业融资小组（Finance Sub-Group）

过去，G20围绕相关主题制定及通过的报告和政策指引包括：
- 《提升发展中国家中小企业获得金融服务的机会（2010年）》
- 《中小企业融资政策指引（2010年）》
- 《为新兴市场女性经营中小企业提供支持（2011年）》
- 《提升农业中小企业获得金融服务机会的政策回顾和建议（2011年）》
- 《创新型农业中小企业融资模式（2012年）》

附录2：其他关于G20国家中小企业融资的补充性 背景情况

1.二十国集团发布的相关政策指引

二十国集团在此领域所做的积极努力，集中体现在一系列政策措施、法律改革，以及金融市场基础设施的大量改革方面。这些努力与成果被整合在2011年10月发布的《中小企业融资政策指引》①报告中。《中小企业融资政策指引》对二十

---

① 《中小企业融资政策指引》（SME Finance Policy Guide，IFC，2011），于2011年11月在戛纳峰会上向G20领导人提交。从以下链接可获取该指南：http://www.gpfi.org/publications/sme-finance-policy-guide.

国集团领导人于2010年在首尔核准的政策建议进行了完善和发展。该指引旨在为政府和监管机构提供参考，为规划、评估和实施支持中小企业融资的政策和法律措施提供路线图。虽然该指引提供了金融市场基础设施领域可能采取的行动的详尽清单，但它也承认每个司法管辖区都有不同的挑战和弱点，并认为有必要进行诊断性评估，为选择和确定改革次序提供信息支持。

2. 金融市场基础设施改革的影响

金融市场基础设施包括征信系统（征信登记机构及征信机构）、担保和破产制度等①。尽管这些领域侧重于金融市场基础设施监管的不同方面，但应该认识到这三方面举措是相辅相成的，因为最终都会影响中小企业获得融资的能力。

（1）担保交易/动产抵押

通常而言，中小企业的不动产有限，但拥有各种各样的动产。通过在贷款合同中使用可用的动产作为抵押物来提供贷款，有效的担保交易制度推动了贷款的发放与提供。全世界企业层面的数据表明，企业持有的资产与大多数银行接受作为抵押物的资产之间存在着不匹配②。一般来说，动产的价值可占到公司总资产的3/4，然而通常情况下，银行基本上只接受土地和建筑物作为主要抵押物。如果担保交易法律法规得以有效制定和实施，适合作为银行贷款抵押物的资产范围将扩大，会涵盖当前和未来资产（未来农产品或未来应收账款）、有形资产（设备、车辆、存货、商品、牲畜等）和无形资产（应收账款、流通票据、股票、知识产权等），而通过刺激需求，信贷总量也会增加。

在那些进行改革的新兴市场经济体，担保交易改革案例能够较好地说明这些改革在中小企业融资领域产生的潜在转型效应。事实上，由于改革，2008—2010年涉及流动资产的商业贷款总额以每年21%的速度增长，而2006—2008年间该指标数据基本持平③。在哥伦比亚，不到一年的时间内，在动产抵押登记机构登记的动产抵押贷款超过10万笔，其中5 000笔贷款来自中小企业，总金额达到34.3亿美元（改革前每年只有几百笔）。即使是低收入经济体或受冲突影响的经济体（如加

---

① 除这些主题之外，金融市场基础设施还包括会计和审计标准、支付和结算系统等。
② De la Campa（2010）.
③ 基于Dalberg对中国担保交易改革所做的独立影响评估研究，由Dalberg编制（2011年11月）。

纳、阿富汗和越南等）也从这些改革中收益，这些经济体的中小企业也获得了更多的机会。在某些情况下，担保交易改革还推动了供应链融资（中信银行）或浮动抵押融资（中国民生银行）等融资产品的创新。

（2）破产制度

有效的破产制度具有双重目标：拯救仍有生存能力的企业，同时也促使经济效益低下的企业有效和有序地"退出"，从而使得资产和企业家能够尽快产生更大价值。因此，实施强有力的破产制度非常重要，可以推动可行企业重整，并给诚信的企业家提供第二次机会。以重整为导向的破产制度在减轻投资者和债权人风险方面发挥着至关重要的作用，而这反过来又有助于提高获得信贷的机会，降低信贷成本，并有助于建立更稳定的金融体系。得益于重整程序，债权人愿意提供更多信贷，债务人有机会继续经营，雇员也得以保住他们的工作。

之前的经验表明，改革破产制度有助于降低信贷利率，提高公司的信贷融资可获得性。以意大利2005年实施的破产法改革为例，那次改革深刻改变了清算程序，导致利率下降。该法案对清算程序进行了彻底改革，这也直接引导市场利率下降[①]。由于破产法增强了各方的协调性，利率出现了下降，特别是对于拥有较多银行债权人的公司，利率下降最为明显。一项关于巴西2005年破产法改革的研究报告显示，巴西私人信贷市场增长显著，公司层面信贷总额增幅在10%~17%之间，而长期信贷增幅在23%~74%之间[②]。

（3）征信体系

征信体系可促进负责任的融资，进而有助于保障金融市场稳定，在向无法获得银行服务及获得银行服务不充分人群提供信贷及其他相关服务方面，征信体系也起着关键作用。征信体系的作用在于向贷方提供客观信息，使贷方得以降低贷款组合风险、降低交易成本并扩大贷款总量，从而促进贷款业务良性发展。征信体系使贷方能够向信誉良好的借款者（包括那些薄信用档案群体，如微型企业和中小企业）提供信贷。

实证研究表明，因其有助于缓解市场信息不对称效应，所以信用信息共享对于

[①] Rodano，Serrano-Velarde，Tarantino（2012）.
[②] Ferreira and Funchal（2012）.

降低小企业融资约束至关重要。有关这一领域的研究[1]表明，在没有信用信息共享系统的国家，声称存在融资约束的公司占比为49%，而在那些拥有此类系统的国家该比例为27%，出现了明显下降。同一项研究表明，小企业获得银行贷款的可能性从没有征信机构国家的28%提高到拥有征信机构国家的40%。运作良好的征信市场基础设施，有助于贷款人评估中小企业风险和信用状况，作出信息充分的授信决策，并监测和管理信贷风险。此外，由于违约将影响到借款人未来的贷款申请，借款人的违约风险也会降低，因此，征信机构对中小企业借款人实际上起到了行为约束作用。

---

[1] Love and Mylenko（2004）.

报告二
二十国集团/经合组织中小企业融资高级原则

（土耳其安塔利亚，2015年11月）

前言

中小企业（SME）[①]，包括微型企业，是高收入国家、新兴经济体和低收入发展中国家（LIDC）[②]创新、增长、就业创造和社会凝聚力的重要引擎。然而，中小企业及企业家只有获得启动、维持和发展业务所需的资金，才能充分发挥其潜力。

缺乏适当的融资方式是中小企业面临的一个长期障碍，尽管融资约束在各国的严重程度各有不同。在发展中国家，私人部门信贷占国内生产总值的比重远低于高收入国家的平均水平，中小企业贷款在商业信贷中占比较小，而缺乏完善的金融基础设施[③]也带来了很多挑战。在发达经济体，融资也是一个主要的制约因素，2008—2009年的金融和经济危机加剧了中小企业和企业家的融资缺口。在这方面，监管改革[④]预计将对中小企业的信贷可得性产生多种影响。

由于不透明、担保物不足、交易成本高和缺乏金融技能，与大企业相比，中小企业在融资方面通常处于劣势。融资需求和约束在不同企业群体中差别很大。企业规模、成立年限和发展阶段对融资所需类型和融资的多样化程度均具有重要影响。与大公司相比，中小企业通常面临更高的利率、更严格的借贷条件，也更有可能面临信贷供给限制。那些创新型和成长型企业以及寻求投资和扩张的中型企业，同样存在资本缺口。尤其值得关注的是，非正规中小企业可能得不到金融服务或得不到充分的金融服务。此外，在经济衰退期间，小公司的资金来源往往比大公司枯竭得

[①] 应当注意到，各国和各区域对中小企业的定义不同，反映了经济、社会和管理环境特性，此外，基于不同的政策目标会采用不同的定义，例如制定税收政策会考虑盈利能力，出台就业方面的法规则基于雇员人数。

[②] 在高收入经济体中，中小企业承担了大部分私人经济活动，占就业人数的60%以上及GDP的50%以上。在新兴经济体中，中小企业平均而言贡献了就业市场50%以上的份额以及GDP 40%以上的份额。在低收入发展中国家中，中小企业对扩大就业机会、社会包容和减贫作出了重大贡献。

[③] 金融基础设施是指金融部门交易的框架和机构，包括支付系统、征信机构和抵押物登记机构等要素。

[④] 这种改革可以在国家层面或国际层面（如巴塞尔框架）进行。

更快。中小企业所经历的资金短缺使得经济危机对经济和社会的影响更加严重和持久。尽管许多中小企业在获得银行融资①方面存在问题，但获得非银行融资难度往往更大。绝大部分中小企业只能获得传统银行债务②融资，只有一小部分中小企业还有其他多种融资渠道。在私人资本市场不发达以及中小企业缺乏利用其他融资渠道所需的规模、知识和技能的经济体中，这种现象尤为突出。尽管银行融资对所有经济体的中小企业部门仍将至关重要，但为了降低中小企业面临信贷市场条件变化时的脆弱性、优化其资本结构、抓住增长机遇，以及促进长期投资，迫切需要为中小企业开发一套更多元化的融资方案。这也将有助于增强金融部门和实体经济的韧性，培育新的增长动力。

围绕这些问题，经合组织制订了工作方案，撰写了多篇报告及政策建议。经合组织相关机构讨论了这些报告，这些报告也已被解密，并与G20③共享。为了在中小企业融资领域为政府行动提供一个总体制度安排，G20财长和央行行长在2015年4月的会议上，要求经合组织与其他相关国际组织共同制定自愿的中小企业融资高级原则④。这些原则为在地方、国家和国际层面制定跨领域的政策战略、确定政策基准以及评估当前中小企业融资措施提供了广泛指导。这些原则还鼓励中小企业融资领域的利益相关方，包括政策制定者、金融机构、研究机构和中小企业管理层，就如何提高中小企业融资可得性以及提高中小企业对有弹性和包容性增长的贡

---

① 银行在这里被定义为有牌照的金融机构，包括特许银行和信用合作社，其主要作用是吸收个人和组织的货币存款，并向家庭和企业提供信贷和其他金融服务。

② 传统银行债务包括银行贷款、透支、信用额度和信用卡的使用。传统债务工具的基本特征是，它们代表对借款人的无条件求偿权，无论公司的财务状况或投资回报如何，借款公司都必须在约定期限内向债权人支付一定数额的利息。利率可以是固定的，也可以根据参考利率定期调整。传统债务不包括除支付利息和偿还本金外的任何特性，即不能转换成其他资产，一旦借款人破产，银行享有高度优先求偿权（优先债务）。

③ 参见2015年2月提交给G20财长和央行行长会议的《中小企业和创业融资新途径：拓宽融资工具范围》（New Approaches to SME and Entrepreneurship Financing：Broadening the Range of Instruments）《银行贷款以外的中小企业债务融资：证券化、债券和私募的作用》（SME Debt Financing Beyond Bank Lending：the Role of Securitization，Bonds and Private Placements）；2015年4月提交给G20财长和央行行长会议的《2015年中小企业和企业家融资：OECD计分卡》（Financing SMEs and Entrepreneurs 2015：An OECD Scoreboard）；2015年9月提交给G20财长和央行行长会议的《中小企业市场化融资的机遇与障碍》（Opportunities and Constraints of Market-Based Financing for SMEs）。

④ 应该注意到，G20投资和基础设施工作组（IIWG）与G20普惠金融全球合作伙伴（GPFI）中小企业融资小组制订了《中小企业融资联合行动计划》（Joint Action Plan on SME Financing），旨在促进这些小组之间的对话；在G20和非G20国家酌情拓展G20认可的成功改革及政策措施，以提高中小企业融资可得性；在G20不同工作渠道推进中小企业融资议程，重点关注低收入发展中国家。

献进行对话、交流经验及推进协作协调（包括监管协调）。进一步的工作可能包括在二十国集团、经合组织及其他国家明确促进高级原则实施的有效方法[①]。

本文件包含原则的最终版本，反映了二十国集团的这一要求以及经合组织和其他国际组织正在进行的工作。它受益于经合组织中小企业和创业工作组、经合组织金融市场委员会、二十国集团/经合组织机构投资者和长期融资工作组，以及二十国集团投资和基础设施工作组的贡献。它还受益于二十国集团工商峰会（B20）和经合组织工商咨询委员会（BIAC）所组织的讨论。该文件的较早版本作为进展报告草稿已提交给二十国集团投资和基础设施工作组于8月20日至21日举行的会议。该报告根据所收到的评论进行了修订，并递交给了9月4日至5日举行的G20财长和央行行长会议，会议公报对进展报告表示欢迎。此外，亚太经合组织（APEC）财长9月11日会议对制定这些原则取得的进展表示欢迎。该文件已提交给9月12日举行的G20普惠金融全球合作伙伴（GPFI）会议。在9月中下旬进行了另一轮磋商，包括与利益相关者的磋商。

原则的最终草案已于2015年10月15日提交给经合组织中小企业和创业工作组，经合组织工业、创新和创业委员会，经合组织金融市场委员会，二十国集团/经合组织机构投资者和长期融资工作组批准，同时提交给二十国集团投资和基础设施工作组征求最终意见。在吸收这些评论的基础上，最终报告已按计划提交给G20领导人。

高级原则

这些高级原则适用于G20和OECD成员以及其他感兴趣的经济体，以支持它们为推动中小（微）企业和企业家获得多种融资工具所做的努力。这些原则是自愿的，不具有约束力，并以现有的国际金融原则和准则为基础。

[①] 部分与高级原则实施有关的文件列举了一些方法，所选方法还将进一步阐述。

为了在中小企业更广泛的政策生态系统内为政府在这一领域的行动提供一个连贯的制度安排，需要能够提高中小企业融资可得性的跨领域政策战略。这些战略有助于确定具体的政策目标，设计、协调和实施政策措施，并提供一个监测和评估框架。[1]

以下原则将有助于制定这些战略。它们适用于各种情况和不同的经济、社会及监管环境。更详细的政策指引正在制定中，以便支持各国政府实施这些高级原则。

高级原则1：识别中小企业融资需求和缺口，完善证据基础

作为制定促进中小企业融资战略的第一步，政府应该通过与中央银行、金融监管当局、金融机构、研究机构以及中小企业代表等利益相关者合作，来评估中小企业融资需求在多大程度上得到了满足以及明确融资缺口之所在。这需要强有力的证据基础，需要更好地了解中小企业融资需求以及公共当局和金融服务提供者面临的挑战。[2]应当努力改进关于中小企业融资的统计信息，特别是在发展中经济体，因为缺乏可靠的证据限制了政策的设计、执行和评估。这需要在国家和国际层面加强合作（包括通过扩大使用OECD中小企业和企业家融资计分卡），以提高定义的透明度，提高数据和指标的国内和国家间可比性[3]，促进国际比较基准[4]的建立和监管协调，并为仍然突出的融资缺口和问题指明方向。

高级原则2：提高中小企业传统银行融资的可得性

银行融资是大多数小型企业的主要外部资金来源，因此应努力提高银行向中小企业提供贷款的能力。相关措施包括信用担保、证券化[5]、信用保险和充足的贷款损失准备。应加强风险缓释措施，包括利用新技术和新机制来承担风险的保险责任[6,7]。有效和可预见的破产制度应确保债权人的权利，同时支持健康的公司并为诚信的企业家提供第二次机会。同样，中小企业也应以合理的条件获得信贷，并具有适当的消费者保护措施。政策制定者应考虑允许中小企业使用除不动产外更广泛的资产（如动产）作为担保品来获得贷款。政策制定者还应认真考虑扩大使用无形资产作为担保品的可行性，在考虑到潜在风险的前提下，使企业（特别是知识型公

司）更容易获得贷款。应创造条件，鼓励信用信息的使用，提高贷方风险管理能力并增加借款人获贷机会。

高级原则3：使中小企业获得多样化的非传统融资工具和渠道

认识到银行和其他融资渠道的互补性，需要有足够广泛、多样的中小企业融资工具来满足中小企业特定的，以及企业不同生命周期阶段对融资方式和数量的需求。应该支持多样的具有竞争性的中小企业融资渠道，并应努力通过有针对性的外展活动提高企业家对现有融资选择渠道的认识。为中小企业开发替代性金融工具，应力争吸引更广泛的投资者（包括机构投资者[8]）并加深其对小微企业市场的理解。应该鼓励基于资产的金融服务[9]发展，使初创企业和小企业能够快速达成灵活的条件以获得营运资本，同时使初创企业和小企业能够通过供应链融资和贸易融资而融入全球价值链。应培育其他形式的债务工具[10]，为中小企业投资、扩张和重组创造条件。应在政策上充分重视开发混合工具[11]和股权工具[12]，从而优化中小企业的资本结构，增加对创新型初创企业和高增长中小企业[13]的投资。应重点考虑风险投资和私人股权融资，包括初创期、早期和后期的投资，以及贸易融资工具。

高级原则4：推动针对中小企业的普惠金融，降低中小企业（包括对非正规公司）正规金融服务的门槛

政策应致力于增加能够以合理的成本获得和使用主流金融服务和产品的中小企业的数量。普惠金融是降低非正规性的重要工具[14]，国家普惠金融规划应包括对金融部门法律及监管框架的检视；确定公共干预战略并确定适当的实施手段；并保证被排除在正规银行部门之外的群体具有可用的金融工具[15]。作为提高企业主以可负担成本获取小额资金机会的手段，微型金融项目应得到各国尤其是发展中国家充分重视。

高级原则5：实施恰当的监管，在支持中小企业采用多种融资工具的同时，确保金融稳定并使投资者得到保护

政策制定者和监管当局应确保政策的设计和实施能够促进中小企业获得多样的融资工具，而不损害金融稳定和投资者保护，还应确保政策的设计和实施能够使投资获得回报。要增强监管确定性，为公司和投资者提供一个可预测且稳定的营商环境。此外，还应该考虑到各个法规的综合效应。法规应与不同金融工具的风险相适应。应当积极采取措施，减少不必要的行政负担（包括通过数字化方式），简化手续，推动破产制度建设。赋予中小企业的灵活性应与投资者保护、市场参与者诚信、公司治理及透明度相协调，尤其在股权领域。应鼓励中小企业实行良好的公司治理，从而增加这些企业进入股权市场的机会。法律、税收和监管制度（包括鼓励债权和股权融资的税收激励政策）应有助于促进多样化融资渠道的形成和发展[16]。国际监管政策协调有利于促进中小企业跨境融资[17]。

高级原则6：提高中小企业融资市场透明度

金融市场的信息不对称性应降到最低程度，从而增加市场透明度，鼓励更多投资者参与，降低中小企业的融资成本。信用风险评估[18]的信息基础设施应致力于准确评估中小企业融资风险。在可能和适当的情况下，信用风险信息应予标准化，并向相关市场参与者和决策者提供，以促进债权和非债权中小企业融资工具的发展。应创造条件，使国际层面也能获取这类信息，以促进中小企业参与跨境活动以及参与全球价值链。

高级原则7：提高中小企业的金融技能和战略眼光

为了使中小企业能够制定长期的融资战略并改善业务前景，公共政策应帮助中小企业提高金融素养[19]，提高对现有众多金融工具的认识和理解；改革中小企业相关的法律法规及支持计划[20、21]。应当鼓励中小企业管理人员适当关注财会问题，学

习会计、金融和风险规划的技能（包括数字技能），加强与投资者的沟通，并及时满足披露要求[22]。此外，还应努力提高初创企业商业规划和中小企业投资项目的质量，尤其是对于风险较高的那些规划和项目[23]。方案应考虑不同群体和目标群体的需要和金融素养水平，包括金融市场服务不足的群体，如妇女、青年企业家、少数族裔和非正式部门的企业家，方案还应针对中小企业商业周期的不同阶段进行调整。

高级原则8：对公共支持的中小企业融资工具采用风险分担原则

中小企业融资公共项目有助于促进和利用私人资源，尤其是在风险资本市场上。在某些情况下[24]，公共项目可有效带动中小企业融资工具的提供。然而，由于经济状况和监管政策的快速变化，利用私人资源和技能增强中小企业融资的弹性[25]应当至关重要。政策应致力于鼓励私人投资者的参与，并应致力于与私人伙伴一起建立适当的风险分担和缓解机制，以确保公共措施的适当运作，包括将政府资源配置到最有效的地方。政策设计时还应注意避免道德风险（使公共利益承担过多的风险）和潜在的挤出效应[26]。应鼓励多边开发银行、国家开发银行和其他公共基金以直接和间接方式促进中小企业融资。

高级原则9：鼓励在商业交易和公共采购中及时付款

应当鼓励企业对企业（B2B）和政府对企业（G2B）交易时及时付款，以提高小企业供应商的现金流。政策制定者和监管机构应确保向中小企业提供明确而适当的付款条件，因为它们特别容易受到逾期付款或不付款[27]的影响。需要制定行为规范，并将其贯彻和强制执行，从而打击在商业交易（包括跨境贸易）中的延期付款行为[28]。

高级原则10：为中小企业融资设计公共政策，确保其正外部性、成本有效和用户友好

在提高中小企业融资的公共项目设计方面，需要确保金融和经济的正外部性[29]和成本有效。可靠证据显示，各级政府之间以及政府与非政府机构之间在处理中小企业融资时应该寻求政策一致性[30]。在设计方案时，应认真考虑并清晰定义目标人口、资格标准、信贷风险管理及收费结构，这些内容应让中小企业容易理解。新政策和现有政策的行政负担和合规成本应与所提供的服务、对受益公司和更广泛经济的影响、目标企业的性质和规模相适应。

高级原则11：监测及评估公共项目促进中小企业融资

应对旨在增加中小企业融资机会的政策进行监测和评估。事前和事后评估应与金融机构、中小企业代表和其他利益相关者合作，根据明确、严谨和可衡量的政策目标和影响定期进行。评价结果应反馈到政策的制定过程，特别是在各项措施未能达到其宣称的目标或发现有不良影响时。至于如何监测和评价公共项目以促进中小企业融资，应鼓励进行区域、国家和国际层面的政策对话和经验交流。

尾注

1. 需制定各区域和各部门的战略。

2. 中小企业融资的有关资料（包括微观数据和微观分析）可用于：信息充分的政策讨论；政策评估；监测金融改革对中小企业融资的影响；帮助金融服务提供者更好地了解中小企业融资需求。按企业规模和企业生命周期不同阶段提供的融资需求和缺口资料，对制定有针对性的政策战略尤其重要。在这方面，定期定量的需

求侧调查可以提供重要信息，但应鼓励在国家、区域和国际层面统筹协调这些调查，以提高信息的质量和跨国可比性。

3. 在国际层面，由于定义和方法不同，对中小企业融资数据的比较受到明显影响。

4. 增强记录各国中小企业融资情况差异的能力，有助于人们更好总结政策经验，促进良好政策实践的交流和调整。

5. 高质量、透明、标准化的中小企业贷款证券化，是优化银行资产负债结构、促进银行向中小企业放贷的一种手段。

6. 为了收集更准确的企业信息，银行也可以向外部专家咨询，特别是在基于技术的商业模式方面。

7. 使用信用评分模型还可以通过降低成本和提高服务水平来促进银行向中小微企业提供贷款。

8. 另参见二十国集团/经合组织机构投资者长期投融资高级原则及其相关的有效方法。

9. 基于资产的服务包括诸如资产支持贷款、保理、订购单融资、仓单和租赁等。

10. 其他形式的债务包括公司债券、私募、非银行机构直接贷款和P2P贷款。

11. 混合工具包括附属贷款和债券、非公开参股、参与贷款、利润分享权、可转换债券、附认股权证债券和夹层融资。

12. 股权工具包括风险资本、商业天使投资、其他私募股权工具、中小企业上市专业平台和股权众筹。

13. 存在合适的退出渠道有助于增强这些工具对投资者的吸引力。

14. 非正规企业在某些国家被定义为家庭拥有的非公司组织的企业，这些企业至少为市场生产一些产品，但其雇员人数不到特定数量和（或）未依据国家有关法规（如税收或社会保障义务、监管条例等）进行注册。

15. 为促进普惠金融，可以考虑引进技术平台，提供多种金融产品和服务，降低金融准入成本，并触及此前未开发的市场。

16. 这对吸引私人投资者进行初创期投资可能特别重要。

17. 此外，就监管新型融资渠道进行国际经验交流可能特别有益。

18. 有贷款层面数据粒度的征信机构、信贷登记机构或数据仓库，均可能是信用风险评估信息基础设施的一部分。

19. 金融素养被经合组织/国际金融教育网络（INFE）和二十国集团定义为作出理智的财务决策并最终实现财务健康所需的意识、知识、技能、态度和行为的综合。

20. 经合组织/国际金融教育网络在中小微型企业金融教育领域产生了很多成果，这些成果能够提供更多的指导。也可参见 G20 领导人 2012 年核准的《OECD / INFE 金融教育国家战略高级原则》。

21. 应提高中小企业对替代性借贷渠道的认识，从而使它们能够获得最优惠的信贷条件。

22. 应努力提高中小企业对债权人和其他投资者考虑其融资需求所需信息的认识和了解，其中应包括金融机构就如何提高外部融资申请的质量提供反馈意见。企业家的金融素养和技能可以通过教育系统来提高，因为从广义上讲这是教授企业家技能的构成部分，也可以通过具体的方案和倡议，包括与私人和非营利部门合作来提高。培训、指导和培养等方法可以帮助中小企业了解不同的工具如何在生命周期的特定阶段满足不同的融资需求、不同工具所蕴含的优势和风险、利用不同资金来源渠道的互补性和可能性，以及如何对接不同类型的投资者并满足他们的信息需求。

23. 投资准备方案可协助初创企业及中小企业了解投资者的具体需要、收集资料及制订业务计划，从而较好地满足这些需求。此外，对融资的配套支持（包括由投资者提供的支持），如指导和辅导，可以改善新公司和小公司的生存和成长。

24. 在某些情况下，如经济危机或自然灾害期间，公共政策可能是维持中小企业融资需求得以满足的必要条件。由于信息不对称，公共政策对启动或促进向特定类型的中小企业和企业家提供金融产品和服务也很重要，这些企业（包括初创企业和成长型企业）通常难以得到金融市场的充分服务。

25. 弹性是个体、社区和系统在面对压力和冲击时抵抗、适应和成长的能力。弹性包括对不确定性做好准备，但也包括培养应对变化并变得比以前更强大的能力。

26. 在中小企业融资方面，有效的公私伙伴关系培养机制包括共同投资计划、公私股权基金、通过私人部门中介机构提供公共支持，以及在公私部门共同承担风险的情况下提供信用担保。

27. 逾期付款通常迫使中小企业寻求外部融资，以弥补现金流缺口和（或）削减投资和招聘计划。

28. 鼓励在商业交易（包括跨境交易）中及时付款的可能的政策行动包括：对付款的契约自由进行限制、逾期付款自动获得赔偿的权利、中小企业质疑不公平的条件和做法的可能性、简化债务回收程序。

29. 金融正外部性意味着公共支持能够触及有活力的企业，否则这些企业将无法获得融资，或者只能以更严苛的条件获得融资（例如更高的融资成本、更短的债务期限）。经济正外部性意味着干预对经济产生净积极影响。

30. 政策一致性的定义是系统地促进政府各部门和机构之间相互强化政策行动，从而为实现协商一致的目标创造协同效应。在政府内部，政策一致性问题出现在不同类型的公共政策之间、不同级别的政府之间以及不同利益相关者之间。

报告三

二十国集团中小企业融资行动计划实施框架：信用基础设施国家自评估

2016年7月

背景介绍

中小企业（SME）在全球创造工作岗位及促进就业、投资、创新和经济增长方面发挥着重要作用。全球范围内，中小企业占企业总数的比例高达90%，创造了50%以上的就业机会，因此对世界经济复苏具有重要意义。鉴于此，确保全球有前景的中小企业能够获得业务扩张所需贷款至关重要。

中小企业信用市场的一个主要问题是缺乏完备的信用基础设施。可靠的信用基础设施将降低各国的信息不对称和法律不确定性，从而降低贷款者所面临的风险，缓解中小企业融资受限的情况。

《二十国集团中小企业融资行动计划》①于2015年得到二十国集团领导人安塔利亚峰会核准。二十国集团同意并鼓励非二十国集团国家全面发展中小企业信用基础设施，通过有针对性的学习改善中小企业的融资能力，并通过优化监管环境支持干预措施及促进竞争。②

《二十国集团中小企业融资行动计划》提供了一个框架，以：（1）促进相关国际论坛和二十国集团工作组之间的对话。（2）为增加中小企业融资的可获得性，促进中小企业发展及创造就业机会，视情况在二十国集团成员国和有意愿的非二十国集团成员国间，推广成功的、经二十国集团核准的改革成功经验和政策措施。每个国家在这些领域采取的行动将考量现有的监管和司法制度以及其他正在进行的改革。（3）推动二十国集团各工作组落实中小企业融资工作，重点关注低收入发展中国家，以及执行伙伴和国际组织的其他工作。

---

① 该行动计划系 GPFI 2015 年工作计划的一部分，由世界银行集团负责起草。在起草过程中，与 GPFI 其他执行伙伴进行了充分磋商。
② 在土耳其担任主席国期间通过了《G20/OECD 中小企业融资高级原则》，该文件与《G20 中小企业融资行动计划》相互补充，相得益彰。

此项行动计划的改革重点包括[①]：（1）完善中小企业征信制度；（2）银行和非银行金融机构中小企业动产担保贷款改革；（3）破产制度改革。

框架概述

二十国集团认识到，未来的重要行动之一是加速并复制那些同时在需求侧和供给侧促进中小企业金融服务的政策改革。二十国集团推荐的方法是：运用特定的、与中小企业相关的那些公认标准，以一致认可的国家进程自评估报告指标为指导，来确定优先改革领域。

开展与国际最佳实践对照的诊断性评估是必要的，这是确定信用市场基础设施领域改革选项和顺序的第一步。为发展完善此类评估，已参考了公认的国际标准。当然，这并非面面俱到，而只是吸收了一些与推动中小企业融资最为相关的公认标准。

在相关领域，《破产及债权人/债务人权利》[②]（涵盖破产及担保交易）、《世界银行破产及债权人/债务人权利原则》（2015），以及联合国国际贸易法委员会（UNCITRAL）同年发布的《破产立法指引》（2015）共同构成了统一的国际标准，并由金融稳定委员会（FSB）予以明确。

推荐的自评估框架调查问卷涵盖三部分内容：（1）征信制度；（2）担保交易与抵押登记；（3）破产。建议根据所处矩阵总体情况对每个问题赋予特定分值，每一部分总分都为10分（总分=$\sum 1$（当问题回答为"是"）×本题的权重）。在完成调查问卷之后，回答者可以得出每个部分的总分以及可视雷达图（如图3-1所示），该图使回答者得以直观地将一个国家现有的实践同市场发展最佳做法进行对比。

---

① 执行伙伴（如世界银行集团和其他开发性金融机构）具备专业能力，应请求为有意愿的国家提供支持，此项活动是它们日常开发工作的一部分。
② 《征信通用原则》系金融稳定委员会标准手册的一部分，可作为金融系统稳定性评价的相关标准。各个标准制定机构（SSB）均认可各相关标准。

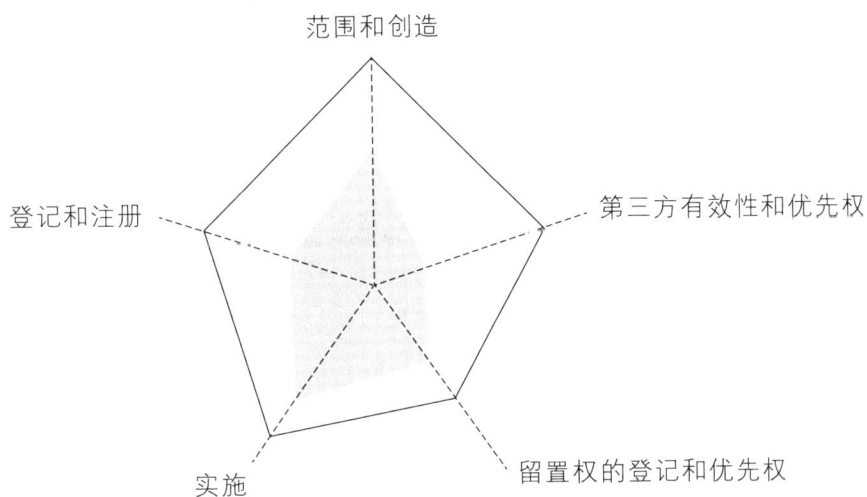

图 3-1　可视雷达图

> 2017 年，各国将报送基期数据，并将在合并报告中定期报告其进展情况，具体时间由二十国集团确定。[①]

总体说明

开展问卷调查的目的，在于促使各个国家针对二十国集团行动计划中三个重点改革领域的各个法律框架实施自评估。这是一个简化且独立的框架，使二十国集团成员国得以在国家层面开展专门的中小企业法律框架自评估。但这并不是对国家完整评估/诊断的代替。针对这三个领域的完整评估方法都已产生，且这些方法已为外部评估方所采用（如金融稳定委员会、国际货币基金组织/世界银行通过《关于遵守标准和守则的报告》（ROSC）及《金融部门评估规划》（FSAP）进行评估）。

---

① 受 GPFI 委托，合并报告由世界银行集团撰写。

由于每个国家关于"中小企业"的定义千差万别，因此这里不对中小企业进行严格限定，填写人应该根据本国定义，完成此份问卷。

回答者应根据自身对问卷中所涉及法律框架的理解，仔细阅读相关问题并慎重作出"是"或者"否"的回答。将术语上的差异放置一边不予考虑，这些回答将反映本国法律环境与体系，并且应考虑本国所有的措施与程序。

完成此份问卷需要公共领域不同部门间的合作。

每个国家必须确定一个牵头单位，协调不同部门并汇总填报结果。此外，回答者也需熟悉相关的政策和监管方面的内容。

为方便起见，我们将问卷调查设计为只需回答"是"或"否"的问题，暗含之意是这些问题需要定性解释。因此，需要细致地挑选回答问题的专家，而评估工具本身也允许回答者作出定性解释。

信用报告制度

（一）引言

2009 年 5 月，在国际清算银行的支持下，世界银行牵头成立了一个国际特别工作组，其最终目标是制定征信国际标准。[①]这方面工作的第一个成果即发布于 2011 年 9 月的《征信通用原则》。

此后，在这个国际特别工作组之上成立了国际征信委员会（ICCR），后者通过提供新的信息与指引，致力于推动和促进这些标准的遵守与实施。[②]

---

① 此国际特别工作组由来自央行的代表、其他金融及数据隐私监管机构的代表，以及来自征信相关多边组织、CRSP 的代表共同组成。
② 作为这方面工作的一个成果，ICCR 于 2014 年发布了题为《完善征信体系促进中小企业融资》的报告。该报告对于中小企业相关的特定征信问题，提供了非常详细的指引。本自评估调查问卷即基于 ICCR 的《征信通用原则》和这份报告。

《二十国集团中小企业融资行动计划》明确了中小企业信用基础设施，包括将改善中小企业征信框架作为首要事项。在此背景下，针对国际标准的诊断评估成为工作重点。这类诊断评估包括针对《征信通用原则》的评估，而该原则是金融稳定委员会（FSB）在2013年发布的非核心标准手册的一部分。

尽管ICCR公布了评估方法，为评估者评估《征信通用原则》的重点内容提供指引，但这只是一个二十国集团成员国进行自评估的简化框架。[①]评估者可以根据《征信通用原则》的有关规定对遵守5项原则的情况、参与者的6个作用以及5个监管建议进行评估。此简化框架的结构如下：第1部分，描述涵盖中小企业相关方面的征信体系的市场发展状况；第2部分，对如何回答调查问卷的有关主要考虑作出说明并给予指导；第3部分，对评分体系及其意图作出说明；第4部分，对应于每项原则的关键问题，以及有关中小企业征信体系的监管建议和可行的行动计划，列出清单；第5部分是术语表。

（二）说明

当前的框架没有对现有国际标准进行评估，但是其能展示每个司法管辖区征信体系的发展趋势和重要特点。为填好调查问卷，回答者应当了解该国现有征信体系、所提供的产品和服务以及支持这些活动的法律监管框架。有些问题可用现有的公共信息回答，而有的则需使用私人信息（比如，征信系统的内部政策和流程、组织结构图和治理情况、数据和统计等）。

每个国家都必须确定一个牵头单位，负责协调不同参与者并且将不同参与者的回答汇总。

回答调查文件需要各种技能，包括对征信、总体信贷市场和征信市场的深入了解。此外，回答者也需要熟知相关政策及监管内容。

考虑到二十国集团国家征信体系的多样性，基于任何二十国集团成员征信体系都应具备的若干重要方面，我们构建了一个评分体系。本报告的评级基于有效征信

[①] 这个简化的框架不能作为2013年世界银行公布信用报告制度一般原则的评估方法的代替。

体系经认可的一些关键标准而设立。有效征信体系能调动必要的信用信息，以评价中小企业的信用状况。该评级体系不用于与国家征信体系或市场相关的国家排名。

背景与监管（分值1.5）

此部分将用于评估两个方面的情况：（1）是否存在提供中小企业信用评估相关产品的征信体系；（2）是否存在负责监管征信业务的机构。在既定辖区，若其现有状况符合问题中所有要素，则回答者应填写"是"，否则应填写"否"。

通用原则一（分值2.5）

此部分问题主要用于解决数据的准确性、充分性和时效性。影响数据准确性的重点问题之一，是有多大的可能性在数据库中唯一地识别债务人；其他问题则与数据的不同来源有关，这些数据不仅来自金融部门，也来自供应链和其他公司；而且，这个影响数据准确性的重点问题还涉及自动化程度和进程，因为这会减少现有征信体系的潜在错误。若既定辖区的相关情况满足每个问题中各个要素，则回答者应填写"是"。比如，如果本国有唯一的身份证号码，但是在征信体系中并未广泛使用，那么填写者应填写"否"。因此，若征信体系没有涵盖核心数据集或者数据提供者，那么关于充分数据收集问题的回答应填写"否"。

通用原则二（分值1）

该原则下的问题需要使用该国每个征信系统的具体细节信息。关于管理、政策与程序的特定内容，可能无法从公有领域获得。尽管回答者可从所有相关来源获取这类信息，但设定该原则仍是必要的。（这些方面涉及问题2.1至3.4）

通用原则三（分值1.5）

该部分的问题反映一国现有全部征信系统的状况。如果该国有一个征信系统不满足本问题中的要求，则应填写"否"。

通用原则四（分值2.5）

完成此部分所需要的信息通常可得，但是也需要逐一阅读与征信系统相关的法律或/和规定（如银行法、征信机构法及其他法律），完成这部分问题也需要了解各方之间的协议安排。

通用原则五（分值1）

本部分问题或许不适用于各个现有辖区，因此与现有状况相关的第一个问题需要两个或两个以上的辖区之间交换信息。即使条件尚不具备，如果有便利信息交换的机制，也将有助于识别正确的措施。回答者需了解国家之间现有的国际协议和每个现有征信系统内部的技术安排。如果至少具备一个重要条件（如为欧盟成员国），那么回答者应填写"是"。

（三）市场发展阶段

1.发达阶段

在面向中小企业的发达征信系统中，现有系统应将那些针对中小企业开发的信用报告、增值服务所需的相关数据都包括在内。此外，在既定辖区内，有关征信系统的法律框架是明确且可预测的，信息得以在不同征信系统间流动，在不同用户中共享，同时又受到充分监管。而且，征信系统所采用的方法应是有效率的且成本适当。在这种情况下，征信系统应能够为债权人（包括金融机构债权人和商业机构债权人）提供创新性和可负担的工具，以支持其评估信用风险，该评估应以通过有效网络安全传输的可靠信息为基础。不但征信系统能得到充分的法律监管制度支撑，而且服务提供商和其他参与者也是可信赖的并受到监管。

因此，一个面向中小企业的发达征信系统，应包含所建议六个部分的大部分要素，并且问卷调查得分在 7.5 分以上。

2.发展中阶段

在发展中阶段，面向中小企业的征信系统具备高效、安全和可靠的征信系统的某些关键要素，但是还有一些关键要素仍然处在发展完善阶段，还未达到发达程度。比如，法律框架可能不够清晰或者无法预测，或者现有的治理阻碍了增值服务的充分发展，又或者因系统极其分散影响了相关数据的收集，而这些数据又是评估中小企业信用情况所必需的。此外，法律制度可能不允许收集相关核心数据，或者在个人数据运用和此类数据的纠正机制方面尚缺乏对用户隐私的充分保护。针对中小企业（包括其管理和股东）评估所提供的增值服务，则可能有所缺失。

因此，面向中小企业的、发展中的征信系统，应包含所建议六个部分的某些关键要素，问卷调查得分高于 4 分且低于或等于 7.5 分（总分为 10 分）。

3.形成阶段

形成阶段的征信系统存在诸多缺陷，缺少调查问卷中的许多基本要素。主要是指虽然存在征信系统但是还未系统地收集足够的数据并且存在严重的数据质量问题。其他的缺陷包括（但不限于）收集相关数据的征信系统以及专门收集消费者信贷相关信息的征信系统缺位，现有系统间没有互联互通，或者缺乏足够的措施保护数据，以防止非法使用数据、数据损失、数据腐败以及数据误用。在此背景下，债权人很难以可负担成本的方式恰当评估潜在债务人的风险，这或者要求债务人提供抵押物，或者需要债权人实施成本昂贵的调查。最终，这些调查成本会转嫁给债务人，从而提高信贷成本。

因此，面向中小企业的、处于形成阶段的征信系统，仅包含所建议框架的某些要素，问卷调查得分等于或低于4分（总分为10分）。

（四）评估问卷

	国际最佳实践问题/主题	是	否	得分
1.	现有征信系统及监管机构的作用			1.5
1.1	国内是否有企业征信机构、信用登记机构和个人征信机构？			0.5
1.2	服务提供者是否开发了可供贷方与投资者使用的、针对中小企业的、可靠的信用评分模型？			0.25
1.3	不同的征信服务提供者（CRSP）之间是否存在数据交换机制？			0.5
1.4	监管机构是否对多种征信系统参与者的行为进行协调与监管？是否在必要时提供会引致变化与改革的指引与领导？			0.25
2.	数据——质量、充分性与时效性			2.5
2.1	在征信系统中，法律实体与自然人是否有广泛应用的唯一的身份证明号码？（如，全国统一的身份证号码，法人实体标识符或者税务标识号）			0.75
2.2	为有效地开发针对中小企业的增值产品，CRSP是否从不同的来源（如，同行间借贷、贸易信用、政府数据库，以及贷款方）系统充分地收集相关数据？			0.5

	国际最佳实践问题/主题	是	否	得分
2.3	相关公共信息是否易得（如通过电子手段）？是否能及时系统地更新（如，有关公司、财产、股东及法律地位的关键财务和法律信息）？			0.75
2.4	信用历史信息是否包括自然人或各类法律实体当前和以往支付行为的详细整理汇总，并且保存超过3年？			0.25
2.5	在任一征信系统的任一数据存储中，其流程是否规范化，是否存在批准及验证环节？			0.25
3.	数据处理流程：安全及效率			1
3.1	数据治理是否符合ISO安全标准（如27001，PCI-DSS或者其他类似的标准）的征信系统和网络、数据及基础设施的核心部分？			0.1
3.2	CRSP是否推动且/或促进在数据提供中使用标准化格式/模板，是否总体上推动且/或促进更高水平的自动化？			0.25
3.3	所有现有的征信系统是否已具备数据库表一级数据备份工具（BCP）（该工具包括恢复时间目标（RTO）、二级网站和数据丢失恢复）？			0.15
3.4	CRSP在设计其产品时，是否将各类用户有关数据、服务和产品的需求都考虑在内？			0.5
4.	治理与风险管理			1.5
4.1	当股东之间或者经理之间发生利益冲突时，是否存在明确的政策和程序处理这些冲突？			0.25
4.2	是否国内现有的所有征信系统都由一个具备资质的独立审计机构进行审计？			1
4.3	能否识别与征信系统有关的商业风险、操作风险、信用风险和法律风险？是否存在相关政策解决和减轻这些风险？			0.25
4.4	所有征信系统中董事会的构成、董事们的作用和责任是否清晰且公开披露？			0.25

续表

	国际最佳实践问题/主题	是	否	得分
5.	法律和监管环境			2.5
5.1	有关征信制度的法律制度是否清晰、非歧视且支持中小企业权利？			1
5.2	征信系统相关领域是否存在法律冲突或者法律空白，阻碍高效、安全、可靠的征信系统的形成？			0.25（如果回答"否"，则得0.25分）
5.3	若法律监管框架支持申请使用政府收集的数据，那么该制度是否允许CRSP收集和利用一些信息（比如财产登记、公司注册和法庭判决）？			0.25
5.4	在国内各自的数据保护/隐私保护法律中，拥有全部产权的业主和股东是否被认为是数据主体？			0.5（如果回答"否"，则得0.25分）
5.5	数据主体的权利是否得到法律认可并且在实践中得到CRSP的执行？这些权利包括：（1）否定权，数据主体有权拒绝以某些特定的目的收集或者使用他们的信息；（2）知情权，数据主体有权知晓与其有关的信息的收集、处理和分配的情况；（3）访问权，数据主体有权定期以极少的成本或者免费获得与其有关的数据；（4）质询权，数据主体有权对与其有关的信息的准确性提出质疑。			0.5
6.	跨境数据流动			1
6.1	市场状况、经济或者金融一体化基本条件以及/或者法律和监管要求等，是否对信用信息跨境交换提出了要求？如果有，请接着回答问题6.2和6.3；如果没有，请在问题6.2和6.3后填写N/A			0.25
6.2	为评估债务人的信用情况，是否存在促进信用信息在两个或者两个以上的司法管辖区进行交换的机制（比如，法律、规章或者双边协定）？			0.25
6.3	两个不同辖区内的信息交换是否通过以下任一渠道进行（1）直接交换；（2）移送模式；（3）访问权模式？			0.5

（五）术语表

企业征信机构：收集企业信息的实体，其组织形式可以是独资企业、合伙企业和公司，其营运目的在于提供信用风险评估、信用评分，或用于其他商业目的（如提供交易信用）。

同意：以书面或者口头形式达成的，有关个人数据收集、加工和披露的，免费知情且明确的协议。

消费者：在征信系统中，其信息可被收集、加工以及向第三方披露的自然人与企业。

征信机构：一种信用信息交换模式，其主要目的在于改善数据质量和有效性，帮助债权人作出更为明智的决定。

信用评级机构：通常为特定类型的债务发行者提供信用等级和评级的实体。最近，信用评级机构也为金融机构提供信用评级，而不论其是否在市场上发行债券，信用评级机构甚至还进入新业务领域，包括在某些情况下提供信用报告。

信用登记机构：一种信用信息交换模式，其主要目标是协助银行监管，为受监管的金融机构获取数据提供条件，帮助其提高信贷组合质量。

征信服务提供者（CRSP）：管理网络化信用信息交换的实体。

征信系统（CRS）：它是指经济体中广义的征信制度框架，包括：（1）公共信用登记机构（如果有的话）；（2）私人征信公司（如果有的话），其经营者可以是商会、银行业协会或者经济中其他任何拥有借款人行为的系统的数据库；（3）征信法律框架；（4）与征信活动有关的隐私保护法律框架；（5）征信监管框架，包括政府实施法律与规章的制度能力；（6）经济中可获得的其他有关借款人数据的特性，这些数据包括来自法庭记录的数据、公共事业支付的数据和就业情况的数据；（7）经济中金融中介或者其他机构对信用数据的使用，比如在创设数字签名方面信用评分的使用与信用数据的使用；（8）征信的文化背景，比如，社会上对隐私的看法以及声誉担保的重要性。

征信系统参与者：在收集、储存、分配，以及最终运用信息以支持授信决策和金融监管的整个周期内，参与一个或更多环节的个人与企业。

信用评分：评估可能的贷款人履行其还贷义务可能性的统计方法。

债权人：其他个人或法人对其负有还款义务。亦即从事放贷业务或者出售延期收款物品的自然人或者法人。

信誉：借款人及时偿还当前或者未来债务的能力。它被用于对借款人以往信用行为的评估，以帮助潜在的出借人决定是否要向其提供新的信用。

数据主体：征信系统中其数据可能被收集、处理以及向第三方披露的个人或企业。

金融基础设施：国家金融体系的重要基础。它包含所有便利金融中介运行的机构、信息、技术、规则和标准。

检索结果：应债权人或其他第三方对数据主体查询而出现的正匹配，且数据储存在CRSP处。检索成功率指向征信系统发起查询，得到检索结果的比例。

逾期付款：指到期日之后进行的任何支付（参见逾期欠款）。在信用报告中以超过还款期的天数表示。

出借人：参见债权人。

负面数据：它包括违约、逾期和破产的公告，还包括来自法庭或者其他官方渠道的有关诉讼、留置和判决等的公告。

其他数据来源：不以授信决策和/或金融监管为目的而收集信息的实体。这些实体通常并不主动将其收集的信息提供给CRSP，但是可以依申请提供咨询。

支付历史：关于以往与当前支付行为的详细汇总。

正面数据：涵盖合同遵守行为情况的信息。它包括关于贷款余额、贷款金额、偿还模式、资产和负债，以及担保和/或抵押的详细说明。

担保交易和担保登记

（一）引言

据研究，如果能够从法律和制度上保障动产能有效地转换为担保品，将会显著地改善那些急需资金企业的融资状况。运转良好的担保交易系统，能够使企业通过抵押自己的资产获得所需资金。

进一步的经济研究表明，如果一国的担保交易法律和登记系统较为强大和完善，那么这个国家的中小企业将更容易获得信贷，其金融系统稳定性的评级更高，出现不良贷款的概率也更低，该国最终也会有更高的生产率和更快的经济增速。

《G20中小企业融资行动计划》将包括改进担保交易系统在内的信用基础设施发展作为一个关键的优先事项。担保交易是G20国家之间表现最为悬殊的领域，比如：G20的一些行政辖区仍在使用文档注册而不是使用现代通知登记系统，使用文档注册就需要进行协议记录和传递，登记机构可能还要求准备其他文件和证明；还有一些国家并没有一个用来登记各类动产的集中或统一的登记系统。

在此背景下，针对中小企业相关国际标准进行的诊断性评估，被认为是一个重点领域，其中也包括针对《世界银行破产及债权人/债务人权利原则》（2015）和联合国国际贸易法委员会《担保交易立法指引》（2007）而进行的评估。

（二）说明

这项调查的目的是使各国对本国的担保交易法律和制度框架进行自我评估。调查问卷包含了五大关键支柱，它们对于了解本国担保交易框架满足国际最佳实践标准的状况至关重要。

每一支柱/类别都包含了若干问题，它们涵盖与担保权益有关的几个最重要方面，即担保权益的创建、第三方效力、优先权、主张和实施。调查问卷设计的目的是反映现代担保交易系统的主要原则。然而，考虑到这项调查的目的是用一个简化框架进行一个总体性评估，因此调查并非面面俱到。

回答者应该仔细阅读下面的问题，并基于他们对于所讨论框架的理解回答"是"或者"否"。为了确保回答者对调查问卷中术语和短语的理解准确，时时查阅术语表是非常必要的。回答这些问题主要用到法学知识，然而在某些情况下，这些回答可能需要担保权益登记机构的审核。

（三）市场发展阶段

1. 发达阶段

在一个完备的法律框架下，担保债权人可以有效地创建、主张和实施其对债务人动产的权利。这些权利可以在任何债务人（法人实体、独资企业、个人）的任何动产（有形资产和无形资产，现货或期货）之上创设。在各方权利主张出现冲突时，法律为各个债权人和留置权人制订了清晰、透明的优先权方案；担保债权人可以依靠庭外程序实现自己的权利，或者在司法程序下得到快速有效的判决。在这样一个制度框架下，允许各类债权人和留置权人通过登记机构的线上通知这种快速有效的方式主张自己的权利。

因此，一个完备的法律框架应该具备以下两个条件：（1）包含第1、2、4、5部分所描述的绝大多数要素，问卷得分高于7.5分（满分为10分）；（2）包含问题1.1-1.6，2.1-2.3，4.1-4.3及5.1-5.3中描述的所有要素，因为这些要素是一个有效的现代法律框架应具备的基本要素。

2. 发展中阶段

在一个发展中的法律框架中，虽然法律和制度体系的一些方面需要进一步的改进和改革，但是在债权人和债务人权益有效保护方面，具备所需关键要素。在这样的背景下，法律允许基于现在和未来的动产创设可实施的担保权，允许对这些资产进行总体描述，包含明确的优先安排；允许担保债权人通过非诉讼渠道实现他们的权益。最后，登记机构的存在是为了给债权人提供一个渠道，以保障其对抗第三方权益的透明度。

因此，一个发展中的法律框架要满足以下条件：（1）得分高于5分且低于或等于7.5分（满分10分）；（2）包含问题1.3-1.6，2.3，4.1，5.1中所描述的所有要素。如果一个法律框架满足以下条件，也被归为"发展中"阶段：在满分10分的调查问卷中得分高于7.4分，但是缺少发达法律和制度体系所要求的要素之一，前面"发达"阶段（2）明确列出了这些要素。

3. 形成阶段

处于形成阶段的法律框架具有许多缺陷，而且缺乏调查问卷中所描述的许多基本概念。在这种法律框架内，无论是可作为潜在担保物的某些类型资产的覆盖范围，还是登记系统，都存在着差距。具体而言，可能包括（但不限于）如下缺陷：在缺乏对各种担保物权和留置权作出统一安排，且缺乏有效的公示机制的情况下，不能保证担保权益的优先权；登记因担保物种类、法律权益种类、借款人种类或地理位置的不同而不同，登记体系呈碎片化；使用文档登记，其后果是不但登记具有随意性并易产生错误，而且程序烦琐（导致过程冗长、所有权信息泄露）；执行过程复杂、漫长，不但耗费时间，而且还需要成本高昂的司法干预。因此，形成阶段的法律框架在调查问卷中的得分为5分或5分以下。

（四）评估问卷

	国际最佳实践问题/主题	是	否	得分
1	范围与创设			2.5
1.1	是否存在一个统一或完整的担保交易法律框架，可以实现至少三种与担保权益功能类似的权益（信托财产权转让、租赁、应收账款的分配和转移、保留所有权的出售）的创设、主张、优先权安排，以及执行？			0.3
1.2	若让与人和担保权人之间就附件达成担保协议，在协议未经登记的情况下，法律制度是否承认该协议是有效且可执行的？			0.2

续表

	国际最佳实践问题/主题	是	否	得分
1.3	法律是否允许企业在单一类别动产中让与非占有性担保权益，而不要求对抵押资产作具体描述？			0.3
1.4	法律是否允许企业在各类资产中让与非占有性担保权益，而不要求对抵押资产作具体描述？			0.3
1.5	担保权益可否扩大到未来的或事后取得的资产？			0.3
1.6	担保权益是否自动扩大至原始抵押资产的产品、收益和替代品上？			0.3
1.7	担保权益是否可附着在成为不动产附属部分的动产上并持续？			0.2
1.8	担保协议是否允许对债务及义务作总体描述？			0.2
1.9	是否所有类型的债务及义务（比如，货币性的或非货币性的，预先存在的、现在或未来的，有条件的或无条件的）都可以在参与各方间被担保？			0.2
1.10	担保协议对抵押资产额度设有最高限制（比如授信额度）吗？			0.2
2	第三方效力和优先权			2
2.1	法律是否允许通过以下途径来保证第三方效力：（1）在登记机构登记一个担保权益通知；（2）担保权人占有资产；（3）担保权人控制资产（如存款账户）			0.6
2.2	在担保权益创设前，且债权人的优先权可追溯至登记时间，法律是否允许担保权人在登记机构预先发布担保权益通知？			0.6
2.3	在出现竞争性担保权益的情况下，法律是否支持"时间在先，权利优先"原则以决定担保权利的顺序（但受制于该原则既定的例外）？			0.6
2.4	当处于担保中的资产被出售、出租、许可或以其他方式处置时，如果这种出售、出租、许可或以其他方式处置是以让与人的常规营运方式而实施的，则第三方是否可以无偿占有可有效对抗第三方的担保权益？			0.2
3	登记及留置优先权			1.5

	国际最佳实践问题/主题	是	否	得分
3.1	法律是否允许在各种担保权益登记机构登记通过法律运行创设的各种留置权（诸如税务留置权、劳动留置权、判决留置权等）的通告？			1
3.2	"时间在先，权利优先"优先权规则是否也适用于留置权持人（如税务当局、判定债权人等）的权利？			0.5
4	强制执行			2
4.1	当担保权益创设时，或在出现违约之前另行签署一份协议，法律是否允许各方就庭外执行达成一致？			0.5
4.2	法律是否允许担保权人通过快速司法程序或其他官方强制程序行使其权益？			0.5
4.3	法律是否允许担保权人通过公开拍卖、私人招标或其他商业上合理的渠道出售抵押资产？			0.5
4.4	在债务人或让与人对担保权人占有或处分抵押资产的做法提出反对或提起诉讼的情况下，法律是否允许担保权人继续行使这些权利？			0.5
5	登记与登记机构			2.0
5.1	是否存在一个可登记各类动产担保权益、面向个人和法律实体让与人、统一的电子登记系统？			0.4
5.2	法律是否允许担保权益登记系统登记担保权益、类担保权益和留置权人权益等多种类型权益？			0.4
5.3	在一个登记系统中，只有当有关担保权益存在（或可能存在）的通知得到登记的情况下，才无须提供或附加担保权益存在的书面证据。是否存在这样的担保权益登记系统？			0.4
5.4	在一个登记系统中，担保权人可以在线进行登记、修改、撤销等操作。是否存在这样的担保权益登记系统？			0.4
5.5	在一个登记系统中，任何感兴趣的第三方都可以使用让与人的标识符在线查询。是否存在这样的担保权益登记系统？			0.4

（五）术语表

应收账款的让与和转让：这里的应收账款让与是指应收账款担保权益的创设，以保证义务得以履行。尽管应收账款直接转让并非为了保证义务的履行，但作为例外，直接转让也被纳入担保交易法之中。为便于查阅，该术语也被包含在应收账款的让与中。

扣押：是指已具备所有必要条件，可强制实施对债务人担保物的担保权益。在以下情形下扣押成立：（1）担保协议签署时；（2）担保权人提出对价时；（3）让与人对担保物有可让渡权利时。

债务人：指拥有应付账款或其他担保债务履行义务的自然人，而不论这个人是否拥有担保物，或拥有担保物的权益。债务人包括应收账款或担保销售合同的出售人，以及动产的承租人。

快速判决程序或其他官方强制执行程序：在司法系统（如紧急事项法官签发一项法院指令），或者其他正式渠道（如公证人出具具体取决于执行情况的公证文书）的支持和引导下，担保权人以非诉讼方式快速强制实施担保权益。

信托财产权转让：是指出于担保目的的所有权转让，直到债务偿清。

"时间在先，权利优先"：这是一个一般优先原则，该原则规定，当各担保权人有关担保物的权益发生冲突时，其优先次序由取得第三方效力的日期和时间决定。该优先原则也有若干例外，比如：（1）"正常经营过程"例外，如果资产在正常经营过程中被转让，或者让与人的经营业务与担保权人的担保权益无关时，该例外允许受让人取得已从属于某一担保权益的资产；（2）"购买价金担保权"例外规则，该规则（在某些情况下）授予购买价金担保债权人在同种类型的担保物中，享有优先担保权益。（3）"留置权"例外，该例外授予个人占有动产的权利，直到拥有对抗这些动产担保权人的优先权得到支付为止。

固定资产：固定的资产或将要以某种方式（会导致该资产产权出现变动）固定于不动产之上的资产。建筑材料、可便捷移动的机器设备、办公机具，以及家用电器不是固定资产。

功能性担保权益：任何实质上创立支持担保权人拥有让与人动产担保权益的交

易。这类交易覆盖动产的所有权利，这些权利通过协议创立，并担保债务的偿付（或以其他方式履行），而不论交易的形式如何或各方使用了什么术语（包括受让人从权益转让到出于担保目的而进行有形资产转让时的各项权利，出于担保目的而转让应收账款时受让人的各项权利，以及在各种形式的留置权协议和融资租赁协议下卖方或融资租赁方的各项权利）。

未来或收购后资产：尚不存在或由债务人拥有的资产。

让与人：为担保自己或其他人债务而创设担保权益的人。

让与人标识符：指名字或唯一身份号码（如国家统一发放的身份证的号码，纳税人登记号等），用来识别那些为自己或其他人提供债务担保而创设担保权益的人。

判定债权人：经法定程序认定的债权的所有者，并且有权运用司法程序要求债务人偿还债务的一方。

留置权人：指经法院、其他司法部门、破产程序管理人行政主管部门认定拥有抵押物相关权利的人，或任何其他依法拥有担保品权利的人（具有留置权的个人除外）。

租赁：租赁资产的所有权转移给承租人十二个月以上（融资性租赁或者经营性租赁都适用）。

非占有性担保权益：以担保权人为受益人而创设的担保权益，担保权人并不占有附属于担保权益的资产。

通知：在登记机构登记的记录。该术语包括初始通知、修订通知、持续通知、终止通知，以及反对通知。

基于通知的担保权益登记系统：指以互联网为基础的电子登记系统，它允许使用者：（1）直接在线将通知登记备案而不需要登记员的信息审核；（2）进行在线搜索。

债务人的正常经营过程：指经营动产转让的人所进行的动产让与。

庭外执行：指担保权人实施担保权益而无须经过该国法院或其他官方机构的干预或支持。

通知的预登记：指在担保权益扣押之前，在担保权益登记机构进行的通知登记。一旦进行通知预登记，担保权人的优先权即可追溯至通知登记之时，而非扣押之时。

收益：以任何形式直接或间接源自任何对担保物的处置或担保物孳生的收益的可辨认或可追溯的动产。

购买价金担保权：为担保动产的价格动产出卖人所创设的担保权益，或是付出价值使得债务人获得动产的人所创设的担保权益。

留置权：指一个人合法拥有的权利，此人提供服务或材料以维护或提高动产之价值从而保有该动产直至提供服务或材料应得之价款得到偿付。

保留所有权出售：在购买人全额付清所有价款之前，动产所有权仍归出卖人所有的交易。

担保协议：债务人和担保权人之间为创设担保权益而达成的协议，而无论相关主体是否称之为担保协议。

担保权人：依法享有在担保协议下创设的担保权益的人。

担保交易：支持使用动产作为商业和消费信贷担保物的法律框架和制度体系。

具体描述：对担保物的描述，该描述依赖于资产的个性而非资产可被描述为一个不同类型或种类的资产的一般特性。

第三方效力：经由担保权益在登记机构登记或被担保权人占有而实现的担保权益对抗第三方的效力。

破产制度

（一）引言

有效的破产制度有双重目的：拯救可行的企业；确保不可行的企业能迅速退出市场，并将资产配置到更有效率的企业。从无效益企业释放出生产性资源并确保在公司破产时债权人和潜在投资者权益能受到保护，这点非常重要。

一系列研究表明，建立有效和高效的破产制度带来的积极成效可以使整个经济受益。破产制度改革，和国际通行做法一样，与降低信贷成本、提高信贷可得性、提高债权人追偿率、加强就业维护、促进创业以及其他对中小企业的益处相关联。执行有效破产机制的国家往往也致力于推动普惠金融发展，从而促进整体经济稳定。通过系统性的方法解决债务和破产问题，从而有利于优化投资环境和促进经济增长。

《G20中小企业融资行动计划》将包括改进破产框架在内的中小企业信用基础设施建设明确为优先事项。研究表明，G20国家在破产机制的有效性方面存在明显差异，有的国家还远没有执行国际最佳实践。例如，在有些G20国家，早期进行重整是不可能的。在另一些国家，担保债权人不受自动冻结制度的影响，或者债务人在破产程序启动后难以获得新的融资。因此，可挽救的公司将被引导进行清算，因而导致经济中出现重大价值损失。

调查问卷重点关注这样一个框架里与中小企业融资相关的最重要的几个方面，问题相应分为五大类：（1）破产前置程序：预防性重整框架；（2）自动冻结：破产程序开始后暂停债权人强制执行的规则；（3）破产财产：在破产程序中管理债务人资产的监管规则；（4）重整计划：规定重整计划内容以及投票、批准程序的条款；（5）破产执行人和中小企业破产：破产执行人的监管框架以及专门针对中小企业的简易程序。

（二）说明

本调查问卷的目的是确保参与者能够就各自在中小企业破产方面的法律框架开展自评估。本调查问卷关注此法律框架最重要的方面，问题被分为五大类，这些问题对于帮助了解破产体制符合国际最佳实践的程度至关重要。

由于每个国家关于"中小企业"的定义千差万别，因此本文不对中小企业进行严格的限定，回答者应该根据本国有关中小企业的统一定义，完成此份问卷。调查对象应该认真阅读以下问题并根据对问题中法律框架的理解回答"是"或"否"。将各国术语表述上的差异暂且搁置，答案应反映各自国家的法律环境，并充分考虑所有有效的程序和法律。每个问题在整个矩阵中被分配一个特定的分数，总和加起来为10分。

由于本文的宗旨被严格限定为给 G20 国家提供一个框架或一套方法来评估本国解决中小企业破产具体问题的法律框架。因此，它绝不应该被视为一个替代品或附属品，它也不足以完全代表破产法律领域的国际标准或评估方法，即《世界银行破产及债权人/债务人权利原则》（ICR 标准）和《关于遵守标准和守则的报告》（ROSC）。因此，我们也鼓励更深入的评估。

（三）市场发展阶段

1.发达阶段

在发达的法律框架下，破产债务人在正式破产前能够启动相关破产程序并被允许继续控制自己的业务。此外，在破产程序开始时，债务人免于受到债权人的强制执行并适当考虑担保权人的利益。在破产过程中，法律支持债务人继续经营业务，最大化资产价值，并鼓励债务人实现重整。一个发达的法律框架还包含对破产执行人资格和职责的规定，允许免除债务人资产清算之后的其他剩余债务，并最终给中小企业提供特殊和快速的重整程序。

因此，一个发达的法律框架应该满足两个要求：（1）包含前述五个部分中的主要元素，因此在问卷调查中得分高于 7.5/10（前 1/4）；（2）包含问题 1.1，2.1，3.2，3.3 和 5.1 中描述的全部元素，因为这些因素在评分系统中非常关键，且占较大权重。

2.发展中阶段

在一个发展中的法律框架下，破产债务人在进入破产程序和实现成功的业务重整方面面临某些困难。这些困难包括缺少预防性重整的法律框架、无法在破产开始后获得融资或存在履行上的障碍。此外，债权人也面临着许多挑战，如不能从自动冻结或难以实现的投票规定中得到好处。不过，总体而言，一个发展中的法律框架包含了发达法律框架中的许多元素，尽管也会有上述困难，但在通过实践促进可行的企业重整上仍然发挥了积极作用。

因此，一个发展中的法律框架在满分为 10 分的问卷调查中得分处于 5 分和 7.5 分之间。即使一个法律框架的得分超过 7.5 分，如果缺少前面（2）中所明确要求的发达法律框架应具备要素中的任何一个，该法律框架仍然被视为发展中的法律框架。

3.形成阶段

一个形成阶段的法律框架有很多不足并且缺少问卷调查中描述的很多基本元素。这些不足可能包括（但不限于）缺乏监管破产执行人的系统，缺乏管理动产和隔绝接触的机制，甚至根本没有重整的相关规定。在这样一个背景下，债务人在实现重整方面面临很多困难，清算是最普遍的结果，这导致债权人追偿率较低。因此，一个形成阶段的法律框架在满分为10分的问卷调查中得分在5分或以下。

（四）评估问卷

	国际最佳实践问题/主题	是	否	分值
1	破产前置程序			1.5
1.1	除正规、完整的法院监督下的破产程序外，破产清偿框架是否为债务人（包括中小企业和大型公司）提供了旨在预防破产的企业重整程序？该程序应包含以下因素：			0.8
	1）债务人能否在企业可能发生破产，但尚未发生违约的情况下，在较早阶段启动该程序？			0.3/0.8
	2）债务人是否维持控制企业的日常经营？			0.2/0.8
	3）如果此重整计划被法院认可，那么为大多数债权人所采用的计划是否对所有债权人都具有法律约束力？			0.3/0.8
1.2	当债务人公司的董事知道或者应当知道破产即将发生或者不可避免，法律是否规定他们必须采取合理的措施避免破产的发生？或者当破产不可避免时，法律是否要求他们最小化其损失程度，或者申请启动破产前置程序或破产程序？			0.3
1.3	若债务人公司的董事负有这样的义务，那么除了正式任命的董事外，实际管理控制公司的人或履行董事职能的人是否负有这样的义务？			0.2

	国际最佳实践问题/主题	是	否	分值
1.4	若债务人公司的董事未履行问题1.2中提及的义务，债权人因义务人不作为而遭受损失，破产法是否要求债务人公司董事履行其义务？			0.2
2	自动冻结			2
2.1	当启动破产程序时，所有债权人申请的强制措施是否应遵守自动冻结规则（或称为自动终止、自动暂停规则）？			1.0
2.2	法律是否规定自动冻结抵押求偿权的时限？如果有，时限是多长？如果有，当重整或为持续经营的企业出售并不涉及债权人的担保物时，或者当此冻结将会对担保物（比如易腐货物）造成巨大的风险时，法律是否规定担保债权人能够要求解除冻结？			0.5
2.3	法律是否同意破产管理人提供额外的财产或者替代性财产补充因冻结而产生的担保资产的贬值部分？			0.3
2.4	法律是否规定支付冻结期间产生的利息？			0.2
3	破产财产			2.5
3.1	当债务人发生违约，破产清偿框架是否仍然允许继续履行为债务人提供基本动产与服务的合同？			0.5
3.2	当合同双方都出现违约时，破产法律框架是否允许债务人（或者破产管理人，或者代表债务人的法院）不履行负担过重的合同（指履行合同的成本远远超过了可获得的利益）？			0.7
3.3	破产法律框架是否允许债务人在破产程序启动后仍然能够获得信贷（启动后信贷），以维持企业破产期间的持续运转？			1
3.4	破产法律框架是否为后破产信贷指定了优先权？			0.3
4	重整计划			2
4.1	法律是否允许提交重整计划并为此类计划授权。包括：			1
	1）明确、彻底识别受此计划影响的债权人，并潜在将其分类；			0.3/1
	2）分析提议的重整对个人债务、债务种类和分类的影响；			0.3/1

	国际最佳实践问题/主题	是	否	分值
3)	确定执行该计划时债务人的作用；			0.2/1
4)	一旦开始执行该计划，描述企业的可持续性和计划成功的可能性。			0.2/1
4.2	破产法是否详细规定享有的权利发生变化的债权人或者受到此计划影响的债权人不受此计划的约束，除非在此计划执行前债权人拥有针对此计划的投票权？			0.2
4.3	破产法是否详细规定被赋予计划投票权的债权人应根据他们各自享有的权利分别进行分组，每个类型的债权人应分别投票？			0.5
4.4	破产法是否详细规定处境相同的债权人应享有相同的待遇？			0.3
5	破产程序执行人和中小企业破产			2
5.1	破产法律框架是否规定：			1
1)	任命破产管理人应具有相应资格与资质？			0.4/1
2)	破产管理人有妥善保护和保管财产的义务？			0.3/1
3)	当破产管理人无法按照破产法执行其职责和职能时的后果？			0.3/1
5.2	当破产法将自然人作为合格债务人时，法律是否允许这类债务人解除其在破产程序启动前未清偿的债务？			0.2
5.3	如果破产法允许自然人解除债务，那么是否有一些限制条件，比如非欺诈行为和在破产清算期间与破产管理人积极合作等？			0.2
5.4	法律是否详细规定破产程序开始后的一段特定时期届满后此债务解除才生效，并且在此期间内债务人应与破产管理人积极合作？			0.2
5.5	当破产程序某些阶段能够简化或能将这些阶段与其他阶段合并时（比如确认求偿权、破产执行人报告和简单的投票机制），破产法律框架是否详细规定针对小型案件和中小企业的简易程序？			0.4

（五）术语表

自动冻结：自动冻结程序启动后，所有针对债务人财产、权利、义务和债务的司法、行政或是其他私人行为都不能再启动，已开始的程序要终止，包括使担保权益有效对抗第三方的行动或是担保权益的执行；禁止所有对破产资产的执行行为，终止与债务人之间的合同，禁止转移、抵押或是其他处理任何破产财产的资产与权利的行为。

担保物：被抵押的资产。

诉讼程序生效：根据法律规定或法庭裁决而确定的破产程序生效日期。

法庭：有权控制或监督破产处置的司法或其他权力机构。

债权人：在破产程序启动中或启动前有权要求债务人偿付的法人或自然人。

债务人：陷于财务困难因而成为破产程序或破产前置程序对象的法人或自然人。

免除债务：债务人的偿付责任通过破产程序得以解除。

担保财产：为保全债权人的权利而作为担保物的资产。

财产：破产程序或破产前置程序中涉及的债务人的资产。

破产：当债务到期时，债务人总体而言没有能力偿清债务，以及（或）债务超出资产本身价值的情况。

破产程序：出于重整或清算的目的，在法庭监督下执行的一种集体诉讼程序。

破产管理人：在破产程序执行中，被授权管理破产资产重整或清算的个人或机构（包括临时指定的个人或机构）。

清算：为在债权人中集体分配收益而将债务人资产出售和处置的过程。

破产前置程序：允许债务人在早期以避免破产为目的进行重整的集体诉讼程序。

优先受偿权：法律规定的特定债权人优先于其他债权人受偿的权利。

重组：债务人企业恢复财务稳健和可持续经营的过程，通过债务免除、债务展期、债务股权转化和企业（或部分企业）出售等维持持续经营的手段，债务人的企业得以继续运转。

重组计划：使债务人企业的财务稳健性和可持续性得以恢复的计划方案。

为持续经营的出售：企业整体或大部分被出售或让与，而非企业不同资产的出售。

担保债权：一旦债务人违约，为保证债务偿付得以执行而以一项财产的担保权益为支持的债权。

担保债权人：持有担保债权的债权人。

中小企业：据所讨论的法律框架，国家对中型和小型企业的定义。

报告四
运用替代性数据强化征信功能，提高非正规
经济中个人和中小企业数字金融服务可得性

指导文件

国际征信委员会（ICCR）

（中国人民银行金融消费权益保护局　译）

2018年6月28日

致谢

本报告由国际征信委员会（ICCR）和世界银行集团（WBG）撰写，其目的是履行全球普惠金融合作伙伴（GPFI）中小企业融资小组所赋予的职责。本报告基于 ICCR 之前的工作与报告，包括：《征信系统通用原则》（2011年）、《改进征信系统促进中小企业融资》（2014年）、《征信系统对普惠金融的贡献》（2017年）。本报告也参考了 GPFI 2017年的报告——《替代性数据：改善中小企业融资》。

此外，该报告吸收了 GPFI 金融消费者保护法（FCPL）小组《替代性数据的数据保护和隐私》[1]讨论文件的有关成果，这些成果从替代性数据在征信中运用的角度出发，涉及数据隐私、消费者保护和网络安全的相关政策领域。

在与 GPFI 成员和 GPFI 中小企业融资小组成员进行磋商的过程中，我们得到了很多有益的建议，使本报告更趋完善。我们特别感谢阿根廷的二十国集团代表 Gabriel R. Bizama，GPFI 中小企业融资小组共同主席、德国联邦经济合作与发展部（BMZ）的 Natascha Beinker，以及土耳其财政部副部长 Ozlem Oktay。

国际征信委员会谨向国际征信委员会主席 Sebastian Molineus，秘书处的 Luz Maria Salamina 和 Collen Masunda，以及独立顾问 John Owens 表示感谢。同时也特别感谢世界银行集团的 Ghada Teima、 Fredesvinda Montes、 Matthew Saal，感谢他们所提出的真知灼见。最后还要感谢 Mahesh Uttamchandani 的统筹协调，感谢 Fabrizio Fraboni 和 Matthew Gamser 所作的内部同侪评论。

---

[1]   Data Protection and Privacy for Alternative Data.GPFI-FCPL Sub-Group Discussion Paper. GPFI & World Bank.

专业术语

AI Artificial Intelligence 人工智能

APEC Asia Pacific Economic Cooperation 亚太经济合作组织

Big Data Large volumes of unstructured and structured data 大数据（大量非结构化和结构化数据）

BIIA Business Information Industry Association 商业信息产业协会

CRSP Credit Reporting Service Providers，including credit registries and credit bureau 征信服务提供者（包括信贷登记机构和征信机构）

Fintech Financial technology 金融科技

GDPR General Data Protection Regulation 通用数据保护条例

ID4D Identification for Development 促进发展身份证明

IFC International Finance Corporation 国际金融公司

Credit market inefficiency inefficiencies in information processing and sharing due to absence or inadequate credit reporting mechanisms 征信市场无效率（因征信机制不健全而导致的信息处理和共享效率低下）

MSME Micro，Small and Medium Enterprises 中小微企业

PSD2 Second Payment Systems Directive 支付服务指令（修订）

摘要

缺乏信用数据是发展中国家个人和中小微企业融资面临的主要障碍之一。尽管信用数据不足，但中小微企业和个人每天都会产生大量的非信用数字化数据。中小

微企业和个人在移动和在线支付平台、社交网络以及在线记录保存和交易等其他非银行平台上留下了大量的数字足迹和数据痕迹。

金融机构已着手挖掘这些海量的数字化替代性数据，以帮助决策并促进普惠金融发展。如今传统和非传统贷款机构都在利用包括交易（支付）数据、行为数据和社交媒体数据在内的替代性数据来确定偿还贷款的能力和意愿。替代性数据也被用来提供有关客户偏好和行为的数据粒度，进而有助于设计新的金融产品和服务。

CRSP开始运用替代性数据进行信誉评估。在征信中使用替代性数据可以帮助"没有信用档案"的借款人获得信贷，同时也可以对"薄信用档案"借款人的传统数据形成补充。

尽管替代性数据有许多好处，但征信中使用替代性数据仍存在诸多挑战。这些挑战包括缺乏有利的法律和监管环境、难以核实数据主体的身份、数据来源的多样性和碎片化，这些往往导致信息不准确或不完整，以及替代性评分方法的不透明性。缺乏支持性的法律环境可能会限制替代性数据在信用评分中的使用，因为法律可能会禁止使用某些数据属性。因为难以验证账户所有者的身份，所以社交媒体等替代性数据源容易受到数据不准确的影响。在新兴市场，替代性数据的使用还受到较低数字化水平的阻碍。包括公司注册和税务申报等在内的政府和私人部门服务，由于未数字化致使大量潜在的替代性数据未能被获取。

在做财务决策和其他敏感决策时采用替代性数据往往凸显了额外风险，因此应以负责任的态度来扩展并持续使用这些数据，以减轻此类风险。主要的风险包括数据不准确、在消费者未知情同意的情况下使用数据、歧视的可能性以及网络风险的增强。某些类型的替代性数据，如社交媒体数据，往往在未经数据主体同意的情况下就被CRSP使用，从而使企业面临潜在的法律风险。收集的社交媒体数据通常不是原始数据，将其用于征信也未经数据主体同意。使用替代性数据还容易导致歧视风险，因为包括种族、肤色、性别和婚姻状况等在内的一些数据属性，如果不加以监测，可能会导致歧视性评分行为。最后，随着征信生态系统扩张，替代性借贷者和其他数据提供者等新市场主体不断加入，网络威胁的风险也会随之增加。

在此背景下，《政策指引》就各国在征信中如何采用和充分利用替代性数据，提供了切实可行的政策建议，同时减轻了使用此类数据的固有风险。以下汇总表列举了相关障碍和ICCR的政策建议。

政策主题	普惠金融障碍	主要政策建议
1.提高信息的可得性和准确性	未明确何为替代性数据以及如何使用此类数据	1.监管者和政策制定者应就如何获取和处理替代性数据发布指引
	缺少将从各种来源收集的数据与特定个人或中小微企业（MSME）相关联的唯一识别编码（身份证、护照、金融号码等）	2.决策者和监管者应考虑将以下选项作为唯一识别编码： • 个人或相对较小的 MSME 所有者的护照/身份证 • 身份证的替代码，如社会保障号、税号或监管者/金融机构产生的金融号码、未注册 MSME 所有者的护照/身份证 • 相对较大的 MSME 法人机构识别编码（LEI） 3.监管者应尽可能提供对全国身份证数据库的访问权限以进行验证
	缺乏数字化的公共信息	4.政策制定者应确保政府机构管理的数据数字化，并在适当情况下以有效且低成本的方式与 CRSP 共享这些数据
	数据不可得或质量差	5.政策制定者应推动 MSME 开放数据系统和标准相关使用条件的开发和提供 6.在适用的情况下，监管者/政策制定者应促进数据收集和处理的自动化
	缺乏 MSME 交易的数字足迹	7.政策制定者应通过消费者意识、数字金融素养和向 MSME、贷款人和消费者提供激励措施的方式，促进数字平台的使用 8.政策制定者应促进相关政府机构服务的数字化，如税务申报和公司注册登记，以鼓励 MSME 和个人进行数字记录
2.扩大信用信息共享	有限覆盖	9.监管者应考虑审查法规，要求所有金融服务商（包括非银行金融机构）向 CRSP 报告信用数据和其他相关信息 10.监管者应促进 CRSP 公开、公平和竞争性地共享信用信息 11.在市场效率低的情况下，政策制定者应评估建立信贷登记机构/数据库以推动信息共享的可行性 12.政策制定者/监管者应探讨对新型 CRSP 进行监管的可行性
	CRSP 商业贷款数据的最低贷款规模阈值较高	13.政策制定者应考虑降低或取消向 CRSP 报告财务承诺的最低门槛

政策主题	普惠金融障碍	主要政策建议
3.促进负责任的跨境数据交换	各国关于跨境数据共享的法律法规存在差异	14.决策者和监管者应在国际层面进行协作（通过国际清算银行等标准制定机构），制定跨境数据共享标准和跨境信息法规
	跨境数据共享和执法不一致	15.政策制定者和监管者应推动有关替代性数据的数据保护和隐私法律协调一致。在法律未能协调一致的情况下，政策制定者应考虑制定这一法律：只有当拟输出数据所在的司法管辖区有充足的数据保护法，或具备标准合同条款、公司约束规则等能够弥补数据输入国法律制度不足的其他工具时，才允许其输出数据
	CRSP收集的数据缺乏一套统一的核心数据属性，致使其难以跨辖区对申请人进行比较	16.政策制定者应当在国内和国际层面同意或鼓励使用统一的核心数据属性，这些核心数据属性可以在境内外共享
	由于身份识别系统不一致或非标准化，因此无法识别不同司法管辖区内的MSME	17.政策制定者应评估实施G20的"全球法人机构识别编码"或其针对个人的版本"促进发展身份证明"的可行性，以解决数据的跨境使用和共享问题
4.平衡诚信、创新和竞争	创新的监管障碍	18.政策制定者和监管者应合作制定负责任创新的原则
		19.政策制定者和监管者应评估实施或利用监管创新工具（如创新中心或沙箱）的可行性
5.数据隐私、消费者权益保护及网络安全	●不完善的数据隐私法律 ●透明度和披露机制不足 ●替代性数据的使用可能导致歧视 ●信息主体知情同意的相关法律法规缺乏或受限 ●网络风险的增长及对全球金融体系的潜在影响	20.政策制定者应确保： ●应依法收集和处理替代性数据； ●必要时，建立成本节约的知情同意机制； ●替代性数据的准确性和可靠性； ●消费者可以访问并纠正他们的信息，且视需要要求删除数据。消费者还应有权对其信息的处理提出反对意见，并有权转移其信息至其他服务提供者处； ●网络安全风险评估被嵌入行业参与者的总体风险管理政策和程序中； ●使用替代性数据不会歧视受保护的群体，参与者应采取措施确保替代性数据的可预测性得到检验和验证； ●行业参与者应通过执行清晰的流程，确保消费者接收到关于数据采集的全部信息
6.维持定价透明度	缺乏基于风险的方法	21.决策者应确保贷款机构采用基于风险的定价方法，使借款人从较低的贷款成本中获益

一、引言和背景

背景

二十国集团认识到,中小微企业在经济发展中发挥着重要作用,特别是在新兴国家。研究表明,在发展中国家,正规中小企业对就业的贡献高达45%,对GDP的贡献高达33%[1]。如果将非正规部门中小微企业的预计贡献一并考虑,这个数据会高得多。对中小微企业来说,非正规部门体现了其面临的一个巨大挑战,这些挑战绝非融资所能涵盖。

鉴于国际发展议程的内容,以及此次金融危机之后创造就业的紧迫需要,促进中小微企业发展因而成为一项重要优先事项。据估计,在新兴市场3.65亿~4.45亿家中小微企业中,只有1.62亿家是正规企业[2]。

融资问题仍然是新兴经济体中小微企业发展面临的一个关键制约因素。根据《中小微企业融资缺口(2017)》,在发展中国家有2 075万家正规中小企业,其中约44%的企业无法通过正规机构的贷款或透支来满足其需求。据估计,正规中小企业每年的融资缺口为4.52万亿美元。如果将非正规部门的中小企业考虑进来,融资缺口要大得多。非正规部门的中小企业的潜在需求估计每年为2.52万亿美元[3]。融资缺口占GDP的百分比在不同区域差异很大,在撒哈拉以南非洲地区和南亚地区该比例高得异乎寻常。

缺乏信用数据常常被认为是发展中国家中小微企业融资面临的主要障碍之一[4]。对于非正规部门的经济主体来说,这一问题更加突出,因为它们的大部分业

---

① Meghana Ayyagari, Thorsten Beck, and Asli Demirgü-Kunt, "Small and medium enterprises across the globe: A new database," 2003. http://siteresources.worldbank.org/DEC/Resources/84797-1114437274304/SME_globe.pdf.
② MSME Finance Gap: Reassessment of the Systemic Shortfall in Financing Micro, Small and Medium Enterprises, World Bank Group, IFC, SME Finance Forum, 2017. Two trillion and counting: Assessing the credit gap for micro, small, and medium-size enterprises in the developing world, IFC & McKinsey (October 2010) https://www.ifc.org/wps/wcm/connect/3d5d09804a2d54f08c1a8f8969adcc27/Two+trillion+and+counting.pdf?MOD=AJPERES.
③ 同前。
④ Facilitating SME Finance through improved credit reporting. ICCR and World (May 2014).

务是现金交易，并且在大多数情况下由于缺乏财务意识而未作记录。在大多数发展中国家，中小微企业（特别是那些处于非正规部门的中小微企业）背后的企业家，往往没有或只有很薄的信用档案，这影响了他们从正规金融机构获得个人信贷的能力。

缺乏足够和（或）高质量的数据以及其他与决策有关的信用信息，也限制了中小微企业获得融资的机会，特别是对于那些具有某种程度非正规性的中小微企业而言。大多数中小微企业没有会计程序来记录它们的交易，因而不会有可靠的财务报表，也不能进行预测。通常，可以用来评估其信誉的唯一标准信息是企业家的个人信用档案或纸质记录，但那些档案或记录的获取和处理都很昂贵，而且规模有限。

在数字时代，企业可以获取大量结构化和非结构化数据，这些数据可用于日常决策。据估计，由于移动电话、大数据和电子支付的惊人融合及增长，到2020年，全球数字数据存量将每两年翻一番①。

金融系统已经生成了被视为替代性数据的数字化数据。这些信息包括移动和在线银行交易、数字支付和自动化公用事业支付。

在许多情形下，替代性数据是在金融系统之外产生的。每次中小微企业及其客户在使用云服务、浏览互联网、使用移动电话、参与社交媒体、应用电子商务平台、运送包裹时，或在线管理其应收、应付账款及保存记录时，都会产生数字足迹。通过移动电话和电信收集的数据（例如通话记录、话费充值、个人对个人（P2P）、政府对个人（G2P）和个人对政府（P2G）支付交易）也是呈指数级增加了数据足迹，对于那些发展中国家和新兴市场的低收入消费者来说也是如此。

传统和非传统贷款机构可以选择实时挖掘这些信息，并将其用于授信决策。贷款人有权选择使用替代性数据来确定借款人偿还贷款的能力和意愿。

因此，利用替代性数据改进征信②，为拓展个人和中小微企业融资渠道提供了

---

① GPFI Report Alternative Data Transforming SME Finance https://www.gpfi.org/sites/default/files/documents/GPFI%20Report%20Alternative%20Data%20Transforming%20SME%20Finance.pdf.

② http://siteresources.worldbank.org/FINANCIALSECTOR/Resources/Credit_Reporting_ text.pdf.征信系统包括机构、个人、规则、程序、标准和技术，能够促进与信贷决策和贷款协议有关的信息流动。征信系统的核心是关于债务人的信息数据库，以及支持这些数据库有效运作的体制、技术和法律框架。这些系统中存储的信息可能与个人和（或）企业有关。

良机。贷款人可以利用替代性数据，如公用事业或零售贷款的信息、行为数据、在线平台和移动应用程序，来拓展包括小微企业在内的新客户群体。除了提供获取信贷的途径，替代性数据还可提供有关客户偏好和行为的有价值的粒度，有助于设计新的金融产品和服务，鼓励积极的金融行为，并通过将融资与能源、商业、卫生或其他领域联系起来，为实体部门提供支持。

尽管有好处，使用新类型的替代性数据来做财务和其他敏感决策凸显了额外风险。因此，当局应在促进扩大使用替代性数据的好处与确保管理固有风险之间取得平衡。虽然使用替代性数据是有益的，但它可能来源不可靠，并且可能没有期望的质量（如数据不一致、不完整），从而造成数据主体的金融排斥。

《G20数字普惠金融高级原则》提出，将替代性数据用于征信，可促进非正规部门个人和中小微企业获得信贷。在此背景下，本文的目的不是对采用指定的立法条款进行指导，而是为各国在考虑采用和使用替代性数据改进征信予以指导。

主题和政策的选择标准

本《政策指引》汇集了有关证据和基于共识的政策建议和指导，可用于支持四个政策领域，它们在促进使用替代性数据改进征信方面较为重要。这四个政策领域如下：

（1）提高信息的可得性和准确性；

（2）扩大信用信息共享；

（3）促进跨境数据交换；

（4）平衡诚信、创新和竞争。

为确保《政策指引》的完整性，从将替代性数据应用于征信的有关政策的角度出发，本报告亦考虑了与《数据隐私、消费者保护及网络安全》有关的政策。这些政策领域如下：

（5）数据隐私保护和消费者保护；

（6）平衡选择适用和选择不适用模式；

（7）保障网络安全和数据完整性；

（8）维护定价透明度。

关于政策（5）至（7），本报告采纳了GPFI金融消费者保护法（FCPL）小组在《替代性数据的数据保护和隐私》讨论文件中所提出的政策建议。

《政策指引》结构

本《政策指引》接下来分别讨论了替代性数据的定义、类别和来源；使用替代性数据的挑战、障碍和政策机遇。最后给出了一些结论和建议。在本《政策指引》中，政策被分成前面所强调的 8 个政策领域。《政策指引》包含每个主题领域内相关政策的关键内容和指导原则。

二、替代性数据的定义、类别和来源

定义

虽然人们普遍认为"替代性数据"一词可以与"非传统数据"互换使用[①]，但对替代性数据的定义尚未达成共识。大多数定义采用描述性而非规范性的方法定义替代性数据。消费者金融保护局（CFPB）将替代性数据定义为"任何非传统的数据"[②]。

Lexis 详细描述了替代性数据，它包括传统征信报告中没有的信息，以及公共记录、商业协会、专业执照、受教育水平和住址变更记录等[③]。

Oliver 和 Wyman 引入了两个维度来定义替代性数据，即财务信息和预测能力。他们将替代性数据定义为提供"……消费者其他财务支付信息或其他具有预测能力的信息"。此类信息包括公用事业、电信、租金、资产记录，以及替代性贷款支付和活期存款账户信息等[④]。

GPFI 2018 年重点议题文件将替代性数据定义为："一个通用术语，指由越来越多地使用数字工具和信息系统产生的大量数据。"

出于征信目的，ICCR 将替代性数据视为仅用于描述收集和分析信用数据的方

---

① Giving underserved consumers better access to the credit system: The promise of non-traditional data. Information Policy Institute（2005）. http://www.perc.net/wp-content/uploads / 2013 / 09 / nontrad. pdf. http://www. perc. net / wp-content / uploads / 2013 / 09 / New_to_Credit_from_Alternative_Data_0.pdf.
② https://www.gpo.gov/fdsys/pkg/FR-2017-02-21/pdf/2017-03361.pdf.
③ https: //risk.lexisnexis.com/insights-resources/video/alternative-data-defined.
④ Alternative Data and the Unbanked.（Oliver and Wyman, 2017）. http://www. oliverwyman. com / content / dam / oliverwyman / v2 / publications / 2017 / may / Alternative_Data_And_The_%20Unbanked.pdf.

法，相对于有文件证明的信用记录等传统方法而言，这些方法是"替代性"的[①]。替代性数据也被认为是通过技术/电子平台收集的、便捷可得的数字化信息。

随着在该领域研究的深入，预计替代性数据的定义将持续演进。尽管如此，强调这一点很重要，即替代性数据仍然是因国家而异，并依赖于不同司法辖区CRSP目前正在收集的信用信息类型。因此，一个市场中的替代性数据在另一个市场中可能是传统数据。

替代性数据的类别

GPFI确定了两类主要的替代性数据，即结构化数据和非结构化数据。

结构化数据

结构化数据被定义为"具有高度组织的信息，这些信息可无缝进入关系数据库中，并可以通过简单、直接的搜索引擎算法或其他搜索操作便捷搜索"。比如，结构化替代性数据[②]可能包括：

- 支付报告（例如公用事业缴费、移动电话缴费，以及租赁信息、税收等其他义务）。
- 众筹交易、保理、租赁和信用保险的数据等。
- 来自P2P借贷平台、发票、应付账款、销售量、商家交易数据、移动/电子货币交易、采购数据、历史业务现金流、航运记录、提货单和来自在线会计平台的数据等。
- 资产（动产和不动产）相关数据的报告。
- 反映弱势群体收到的其他支付记录数据（如补贴、养老金、国内和跨境汇款等）的报告（如适用）。

非结构化数据

非结构化数据被定义为"没有预定义数据模型且（或）未以预定义方式组织的信息"[③]。非结构化数据包括但不限于：

---

① ICCR Policy Brief: Credit Reporting Systems Contribution to Financial Inclusion (March 2017).
② ICCR Policy Brief: Credit Reporting Systems Contribution to Financial Inclusion.
③ Key Considerations: Financial Consumer Protection and New Forms of Data Processing, Beyond Credit Reporting, World Bank Group (December 2017).

- 社交媒体和互联网使用
- 电子邮件
- 文本和消息文件
- 音频文件
- 数码照片和图像
- GPS数据
- 移动电话使用（拨打同一号码的呼叫数量、峰值使用情况等）
- 其他元数据
- 心理记录、心理测量和其他非财务行为数据

结构化的、且集中于交易信息及其他能证明"偿债能力"信息的替代性数据通常情况下最为有用。不过，对于那些没有信用记录或薄信用记录的首次借款人而言，或者对于那些已确立市场地位但仍需补充信用记录的中小微企业而言，非结构化数据作用更加突出。

替代性数据的来源

个人和企业对数字平台和技术的使用，增加了非传统数据的来源。当个人、中小微企业及其客户使用云服务、进行银行交易、发出或接受数字化支付、浏览互联网、使用移动电话、加入社交媒体、使用电子化交易、运送包裹，或在线管理他们的应收账款、应付账款和在线保存记录时，就创造了数字足迹。

通过挖掘这种实时并经过验证的数据，来分析客户偿还贷款的能力和意愿。一大批快速增长的金融科技贷款机构，正将中小微企业数字数据、客户需求、高级分析方法置于业务模型的中心，这些行为也额外增加了替代性数据的来源。

如果要依赖替代性数据来决策，那么替代性数据源应提供可靠的信息。通常而言，良好的替代性数据源具有如下可接受的特征[1]：

- 覆盖范围：数据源必须涵盖广泛的人口，必须一致，以实现可比性。
- 监管合规：数据源应符合现有的信用数据共享法规。
- 预测能力：数据必须能够预测还款行为。

---

[1] Can alternative data expand access to credit，FICO（October 2015）.

- 正交性：数据源应提供能充实和丰富现有传统数据的信息。

- 准确性和及时性：数据源所提供数据的准确性可被验证，数据应能时常更新。

- 信息深度：数据源应提供有关个体的详细数据要素。

三、挑战、障碍和政策机遇

采用替代性数据有助于将那些有空白信用档案或薄信用档案的个人及中小微企业纳入主流信贷市场。

尽管有潜在益处，但仍需解决替代性数据被用于征信时可能存在的阻碍与困难。确保替代性数据的使用能保持征信数据的准确性、质量和完整性，这点非常重要。

随着全球化的发展，需要确保数据能够跨境流动，平衡好创新与稳定间的关系，并保护好消费者权利。此外，使用替代性数据还应确保不至于使征信生态系统的脆弱性进一步增加。

3.1 将替代性数据纳入征信之中

替代性数据的使用引发了一系列的新风险和挑战，应解决这些问题，以使全世界充分受益。与使用替代性数据相关的风险和挑战包括商业实践、数据隐私和消费者保护问题[①]。下面的说明性专栏列举了与替代性数据使用相关的一些风险。

专栏 1：与替代性数据相关的挑战
1. 不遵守征信法律法规；
2. 难以验证身份；
3. 碎片化数据源难以收集和整合；
4. 信息不准确或不完整；

---

① Using alternative data：Top three challenges to be addressed. Transunion（2015）. https://www.transunion.com/resources/transunion/doc/insights/research-reports/research-brief-alternative-data-challenges-barriers.pdf. Kreiswirth，B.；Schoenrock，P. and Singh，P.（2017）. Using alternative data to evaluate creditworthiness. https://www.consumerfinance.gov/about-us/blog/using-alternative-data-evaluate-creditness/.

5.最低限额的设置目的是降低采集和提交成本，这往往会忽略非正规部门中的中小微企业和个人；

6.产生不可预料的负面影响，如可能引起歧视；

7.评分方法不透明。

采用分布式账本（区块链）技术等数字方法有助于解决一些与身份核查、数据所有权及安全性相关的无效率问题。

为了确保有效并负责任地使用替代性数据，以及各国使用方法的标准化，政策制定者需予以指导，并在某些情况下改革法律和法规。

政策建议1：替代性数据使用指引

监管者和政策制定者应引入或修订有关法律法规，以明确如何获取和处理替代性数据，并将隐私和数据保护国际标准考虑在内。现将一些替代性数据源列举如下：

• 个人和中小微企业的支付数据报告（如公用事业、移动电话以及其他特定义务，如租赁信息、税收、学费等）。

• 众筹交易、保理、特许经营历史情况、租赁以及信用保险的相关数据。

• 来自P2P借贷平台、电子商务提供商、发票、应收应付账款、采购数据、历史业务现金流、航运记录、提单、经济指标以及已纳税款的交易数据。[①]

• 与处于弱势地位的个人和中小微企业的资产（动产和不动产）相关的数据报告。

• 处于弱势地位的个人所收到的其他支付流数据报告（如补贴、养老金、国内和跨境汇款等）（如适用）。

---

① 2017年新修订的《中华人民共和国中小企业促进法》第20条，鼓励中小企业及付款方通过应收账款融资服务平台确认债权债务关系，提高融资效率。此外，墨西哥目前正根据新的《金融科技法》（需墨西哥银行的链接）建立一个开放数据模型，该模型将允许通过各种方式使用替代性数据，包括应用程序编程接口（API），以促进信贷市场的竞争。《金融科技法》的主要建议之一是承认客户对其信息拥有合法权利，包括授权金融服务提供商从不同来源"提取"数据的权利。同样，所有希望访问数据的金融服务提供商都应获得客户的授权，客户也有权在任何时候撤销授权。同时，墨西哥银行计划颁布法规（如通过制定标准），以提高信贷机构和其他金融实体持有的信息质量，以及征信机构持有的信息质量。详见：the FinTech law of Mexico http：//www. senado. gob. mx / sgsp / gaceta / 63 / 3 / 2017 - 10 - 12 - 1 / assets / documentos / iniciativa_ejecitvo_federal.pdf. 另详见欧盟《通用数据保护条例》（GDPR）和《支付服务指令》（修订）（PSD2）。

3.2 提高信息的可得性和准确性

在大数据时代，如果信用报告服务提供商想要有效地借助替代性数据促进中小微企业和个人获得信贷，政策制定者应将数据的准确性置于首要地位。《征信通用原则》[①]（以下简称《通用原则》）原则一强调，征信系统应具有相关、准确、及时和充分的数据。然而，当数据需从海量数据源获取时，由于其准确性和可靠性可能更难核查，上述原则的实施也会更加复杂。一种提高数据准确性的方法是，确保数据主体访问、更正、修订以及反对（ARCO）的权利得到保护。

世界银行称[②]，当借款人（个人或中小微企业）为首次借款者，或者因征信系统不发达而导致其融资信息缺失时，通常会使用来自多个数据源的新型数据来评估其信誉。

3.2.1 数据的汇总与准确性

拥有多个数据源所面临的固有挑战之一是，需要将从各种来源收集的数据与特定个人或中小微企业进行连接和汇总。为成功连接和汇总来自各个数据源的个人和中小微企业数据，需要以合理的成本准确无误地识别个人和中小微企业的唯一识别编码。有些国家没有可以唯一识别个人的公民身份识别系统。而无法唯一识别数据主体可能导致信息的不准确、不可靠和不完整。

使用不准确、不可靠和不完整的数据，其固有风险是评分或信用评估可能是错误的，如果错误是低估了借款人偿还能力或潜在的可能性，则会导致潜在的排斥风险；如果错误是高估了借款人偿还的能力，则会导致过度负债风险。

政策建议2：唯一识别编码

为确保替代性数据的准确性，政策制定者和监管者应施行可准确无误识别数据主体的唯一识别编码。政策制定者应将以下选项视为唯一识别编码：

• 对于采用有效且一致的居民身份证系统的司法管辖区，政策制定者应利用这些身份证件来识别较小的中小微企业（以及个人）。

• 如果居民身份证不存在，政策制定者应考虑使用社会保障机构号码、税号

---

① General Principles for Credit Reporting（https：//openknowledge. worldbank. org /handle/10986/12792）.
② 同上。

等其他渠道，或者考虑与金融监管机构、信贷登记机构以及银行机构合作建立金融（银行）识别编码。从长远来看，这些司法管辖区的政策制定者应当考虑实施一致的识别框架，如G20全球法人机构识别编码。

- 对于规模较大且已地位稳定的中小企业，政策制定者和监管者可以探索建立公司注册框架的可能性，或利用G20全球法人机构识别编码系统（GLEIS）提供的LEI来连接从不同渠道（如征信系统、财务报表、支付系统）获取的数据，以提高连接数据的准确性。[①]

政策建议3：唯一识别编码的确认

相关公共部门机构作为其他数据的来源（特别是在其提供身份识别服务的意义上），应为出于身份验证目的的行为提供对国家身份证明数据库的访问权限。

3.2.2 数据可得性与质量

在全球范围内，政府存储和管理可供CRSP使用的数据，以丰富可用于信用评估的信息。但在一些发展中国家和新兴国家，这类数据或大部分数据未被共享。在这些经济体中，大多数政府机构将数据保存在其系统中，仅向个人和其他利益相关者发布总量控制的信息，用于研究或其他目的。这导致CRSP通过低效且成本高昂的方法重复收集数据。通常情况下，成本会转嫁给消费者，并转化为较高的信贷成本。

在发达经济体中，认识到共享这些数据的经济价值，大多数政府实施了向社会

---

① 为应对准确识别企业所面临的挑战，世界各国政府将召集金融稳定理事会（FSB）共同分析潜在问题，创建全球法人机构识别编码（LEI）以唯一识别从事金融交易的实体，维护社会公众利益。因此，在2011年戛纳峰会上，G20授权FSB牵头协调国际监管相关工作，提出代表公众利益的全球法人机构识别编码系统（GLEIS）治理框架的具体建议。FSB《金融市场领域全球法人机构识别编码》报告及其高级原则，以及阐述GLEIS治理框架业务基础设施的具体建议，已在2012年洛斯卡沃斯峰会上获得G20核准通过。随后，全球LEI监管委员会即着手实施GLEIS，以便能于2013年开始发放全球法人机构识别编码。全球LEI系统有助于促进并达成多项金融稳定目标，包括：改进企业风险管理、更好地评估微观和宏观审慎风险、促进问题有序解决、抑制市场滥用行为及遏制金融欺诈、提高金融数据的整体质量及准确度等。此外，GLEIS还将应用于私人部门，以加强风险管理、提高运营效率、更准确地计算风险敞口和满足其他方面需求。LEI监管委员会（ROC）是监督全球LEI系统的最终机构，目前由72个公共机构正式成员和18名观察员组成，正式成员和观察员来自50多个国家。LEI监管委员会代表全球公共机构，利用LEI合力提升全球金融市场透明度。全球LEI基金会（GLEIF）由FSB于2014年6月成立，负责系统运营，为在非营利基础上实施和使用LEI提供支持。LEI监管委员会支持并监管基金会，基金会目前已授权30家本地运营单位（LOU）负责发放LEI（尚有更多的申请者在等候名单之列）。LEI现已成为一项国际标准（ISO 17442），可用于在全球唯一地标识广义上参与金融交易的不同法人机构。截至2018年第一季度末，已发放的LEI总数超过115万个。

公开提供数据的政策，作为《开放政府伙伴关系》举措的一部分。其他举措，如《支付服务指令》（修订）（PSD2）[①]等，可用于间接为金融服务创造开放的数据环境。

专栏2：开放数据系统和《支付服务指令》（修订）（PSD2）

开放数据系统是平台，在这个平台上，一些数据可供所有人免费使用，并可按照其意愿重新发布，不受版权、专利或其他机制的限制。开放数据系统可以是个人或政府发起的。开放数据倡议的例子有 Data.gov，Data.gov.uk 和 Data.gov.in，以及开放式银行业务。

开放式银行业务是指通过应用程序编程接口（API）在两个或多个非关联方之间共享银行数据，以提高市场的服务能力。开放式银行业务是欧盟出台《支付服务指令》（修订）的一个考虑因素，该指令要求欧盟的金融机构，向使用开放和标准化的 API 的授权第三方发布客户数据。开放 API 将允许银行和非银行出借人获得交易数据和流动性信息，以提供动态信誉度评估。一些提供商，如德国的 bonify.de，正在使用包括账户借方和贷方变动、流动性水平和历史变化等交易数据来创建一个与过去的静态方法完全不同的信誉评分方法。它们根据历史和当前交易数据始终保持最新的分数，而不是关注长期统计均值。

尽管有其优点，但开放数据系统引入了新的挑战，如网络安全、欺诈的可能性，以及数据隐私和数据保护问题。因此有必要考虑各种前提条件。为解决这些问题，《支付服务指令》（修订）还引入了通过双因素身份验证来改进安全措施的规则，以及包括消费者知情同意在内的保护数据及隐私条款。

开放数据平台的可靠性取决于这些平台收集和存储的数据的质量和及时性。因此有必要确保收集和处理数据的过程能够提升所存储数据的质量。

政策建议4：数字化政府数据管理服务

政策制定者应确保政府机构管理的数据数字化，并视需要以有效和成本节约的方式与 CRSP 共享数据。这包括但不限于个人身份数据集、公司注册数据、法院数据和抵押登记的数据。

[①] https：//www.mckinsey.com / industries / financial-services / our-insights / data-sharing-and-open-banking.

政策建议 5：开放数据系统和标准

政策制定者应探索为中小微企业数据（包括公司、财务、银行和其他相关替代性数据）开发"开放数据系统和数据标准"的可行性。

政策建议 6：自动化

政策制定者/监管者应促进数据收集、处理的自动化，并确保数据及时更新并能够被访问。

3.2.3　替代性数据的全面和高粒度覆盖

因大量金融和经济交易未以数字方式记录，在非正规部门经营的大多数个人和中小微企业缺乏足够的信用相关信息。在信息被记录的情况下，CRSP 获取和处理它的成本很高，并且往往最终以高费用的形式转嫁给消费者，从而影响信贷获得。

缺乏足够有质量的数据和其他用来做决策的信用相关信息也限制了中小微企业的融资——特别是对于那些在某种程度上具有非正规性的企业而言。大多数中小微企业的运营，如销售、采购和会计流程，都不是自动化的，这会影响它们生成可靠的财务报表和进行预测的能力。通常，可用于评估其信誉的唯一标准信息是企业所有者或经营者的个人信用档案或信用记录。

通过采用数字平台，非正规部门的个人和中小微企业将留下数字足迹。数字足迹将推动获取可由信用服务机构处理的更全面和更高粒度的数字化交易数据，以及其他服务，以改善信贷获得。

政策建议 7：促进数字足迹

政策制定者和监管者应该促进中小微企业尽可能多地使用数字服务①来经营，因为这些服务会留下数字记录，该记录可以被访问，并与用于信誉评估的其他信息相结合。

● 政策制定者/监管者应考虑向信贷提供方、中小微企业和消费者提供财务和非财务激励②，作为促进数字平台使用的一种方式。值得注意的是，研究仍然以激

---

① 与国际清算银行支付与市场基础设施委员会（CPMI）以及世界银行集团（WBG）特别工作组就《普惠金融支付领域报告》方面进行协调，对此项政策实施有好处。
② Lessons from Colombia's shift to electronic payments. https：//btca-prod. s3. amazonaws. com/documents/34/english_attachments/Colombia-Diagnostic-Highlights-ENG-Jan-2015.pdf? 1438939559.

励措施的有效性为前提。

- 政策制定者/监管者应考虑进行数字金融素养和消费者意识教育活动，在使用数据平台的利益、挑战和安全措施等方面教育个人和中小微企业。

专栏3：数字支付激励：韩国、哥伦比亚、印度的经验

以三个国家为例，讨论其利用财务和非财务激励措施促进数字支付的情况。

韩国

在20世纪90年代，韩国政府推出了税收激励计划以促进数字支付。如果个人或实体通过信用卡或借记卡支付的金额占其年收入的25%以上，可予以退税。结果，信用卡交易占国内生产总值的比重从1999年的4.9%增长到2002年的34.3%。

哥伦比亚

政府主要通过电子支付交易来引导。每个月在哥伦比亚转手的货币价值的大约69%是通过电子方式支付的，其中94%是由政府支付的。该国现在是一个"轻现金"的经济体，哥伦比亚政府和企业的大批付款方正在向电子支付方式转变。为了支持这一转变，哥伦比亚于2017年通过了一项法律，为每年收入（通过POS终端的所有收入）低于38 000美元的小商户提供税收优惠。

印度

在一项为鼓励小商店接受电子支付的行动中，印度政府决定承担商户因使用借记卡、Bhim或Aadhaar而支付给银行的购置费用，最高可达2 000卢比。补贴将从2018年1月1日起提供，为期两年。

这些例子为其他国家提供了一些见解和经验教训，包括：

1）政府在身体力行地提供适当的有利环境和激励措施方面有重要作用；

2）私人部门在创建数字支付基础设施方面应发挥重要作用；

3）政府和私人部门需要共同努力，为转向包容性数字金融制定一致清晰连贯的公私战略。

政策建议8：数字化政府服务

政策制定者还应鼓励政府机构将政府服务数字化，如税务申报、公司注册和其他政府服务，以鼓励中小微企业和个人留下数字足迹。一旦数字化，这些信息应尽可能多地提供给公众使用。

3.3　扩大信用信息共享

3.3.1　数据全面覆盖

在数字时代，大量与评估借款人信誉相关的数据未被 CRSP 采集。在一些司法辖区，能够生成数字信用数据的其他类型出借人或其他非金融实体无须共享其数据，导致目前仍有大量可以促进中小微企业和个人获得信贷的数据未能被 CRSP 所获取。因此，如果各经济体想要从目前可得且相关的、一系列广泛的数字数据中受益，则十分有必要扩大信用信息共享。

未来，CRSP 的角色定位可能发生转变，转变从这类机构收集信息的方式开始。传统上，CRSP（尤其是征信机构）依赖数据提供方将信息以特定格式汇聚到一起，运用验证规则将错误最小化，并使用预先定义的"脚本程序"将数据上传到其数据库中。最近，各家征信机构正在开发新型信用评分模型，基于应用程序，能够直接从数据源头提取信息，数据源头包括之前无法获取的数字化数据。该机遇同时也将带来更多的责任和挑战。

数据收集量受到所设定的报告信贷/债务人最低门槛的限制。在一些情形下，所设置的最低门槛对个人和中小微企业而言水平可能过高，这就导致这些数据主体无法建立信用记录，从而影响他们获得信贷的能力。

在低效率市场中，对 CRSP 的信息共享以及 CRSP 之间的信息共享不充分。在一些司法管辖区，因缺乏强制信贷提供商共享信息的法规，导致许多数据提供商不进行信息共享，即使有时候它们共享了信息，也不会时常更新这些信息。在这样的市场中，未进行信用数据共享会造成数据不完整，从而可能导致错误的信贷决策并对信贷组合绩效产生负面影响。

政策建议9：立法改革

政策制定者/监管者应当考虑重新审查其法律框架，以囊括其辖区内所有的金融服务和信贷提供者，包括未被金融监管当局监管的非银行金融机构和支付公司，也包括向 CRSP 报送信用数据和其他相关信息的公用事业公司。

政策建议10：促进信息共享

监管者应推动向 CRSP 以及 CRSP 之间进行公开、公平和竞争性的信用信息共享。

政策建议11：建立信贷登记机构

在信贷市场效率低下的国家，政策制定者应当考虑建立信贷登记机构或数据库的可行性，以此发挥信用信息汇总者的作用并与CRSP共享信息。

政策建议12：对新型CRSP的监管

在某些情况下，金融监管当局对新型CRSP（如金融科技领域的贷款人和支付系统）的监管作用可能被进一步细化，以适应运用替代性数据评估中小微企业获取信贷能力的情形。

政策建议13：最低门槛

政策制定者/监管者应当探索降低或消除向CRSP报告财务承诺所设最低门槛的可能性[①]，以获取尽可能多的数据。同时应当尽可能简化数据提交要求和流程，以降低成本。

专栏4：降低或消除最低门槛

如果征信机构数据库中的贷款门槛过高，零售贷款和小企业贷款更有可能被排斥在外。这可能会伤害那些从征信系统中受益最多的主体（例如女性企业家和小企业），通常情况下，其贷款额度比较小。因此，那些收集和发布小额信贷数据的征信机构和信贷登记机构更有可能通过为女性建立信用记录来使女性企业家获益。信贷登记机构通常会设定相对较高的贷款门槛，因为它们的主要目的是支持银行监管和监测系统性风险。征信机构则往往设定较低的最低贷款门槛。

印度尼西亚和突尼斯在2008年取消了贷款报告门槛。阿塞拜疆在2009年取消了3类门槛：个人1 000马纳特（1 314.4美元）、企业5 000马纳特（6 572美元）和信用卡10 000马纳特（13 144美元）。消费贷款的快速增长刺激了这一举措，因为银行需要大量借款人更详细的信息。2010年，蒙古国的信贷登记机构取消了其数据库所要求的贷款最低门槛。结果，仅1年后，登记机构的覆盖范围就翻了一番。在巴西，中央银行信贷登记机构的门槛已经从1997年的50 000雷亚尔降到了2002年的5 000雷亚尔，再到2012年的1 000雷亚尔。在2016年，其门槛更是降到了200雷亚尔（50美元）。门槛的降低提高了债务人身份识别水平，使信贷登记

---

① http：//www.doingbusiness.org/data/exploretopics/getting-credit/good-practices.

机构登记的贷款在金融系统信贷总额中的占比从60%提高到了99%。塞浦路斯中央银行于2013年12月通过了一项指令，取消了征信机构数据库中包含贷款的最低门槛。因此，各种规模的贷款目前都包含在征信机构阿特米斯银行信息系统（Artemis Bank Information Systems）数据库中。

3.4 促进负责任的跨境数据交换

GPFI的文件——《中小微企业融资的替代性数据》——列举了通过伙伴关系推动跨境数据交换的几个实例。与其他跨境活动一样，国际合作对确保活动有效开展以及平等对待各合作方至关重要。为推动金融服务创新和信息共享，已经有一些国家的监管机构启动了合作安排。在多边层面，诸如国际证监会组织、巴塞尔银行监管委员会、支付与市场基础设施委员会、金融稳定理事会等国际标准制定机构正监测和研究技术变革对金融稳定、市场诚信、效率、消费者保护的影响。

除《通用原则》第5条确定的与跨境流动有关的一般挑战外，由于各国法律和规章不同，替代性数据的跨境流动也很复杂[①]。各国对某些数据类别（如个人数据）的监管规则并不一致。有些国家制定了个人数据处理相关规定，但在某些情况下，这些规定禁止跨境共享信息。

考虑到数据的国际流动，执行机制和客户求助系统可能不会特别明确，尤其是在发展中国家，或者在替代性数据存储在云端并（或）基于非结构化数据的情况下[②]。可以就这方面的问题展开进一步讨论，因为这涉及对消费者权利、争端解决机制、数据错误责任和数据安全措施采取国际一致的协调方法。

中小微企业信息跨境共享面临的又一挑战是，缺乏能够跨境连接中小微企业信用信息的唯一识别编码。如果无法跨境识别企业，则可能影响到CRSP准确总体判断中小微企业全球风险的能力。而这也会影响中小微企业从其全球供应商那里获得离岸融资和贸易信贷的能力。使用全球唯一法人机构识别编码也有助于跨国准确识别中小微企业。

各国的CRSP收集的中小微企业及个人借贷者的具体数据存在差异，因此跨境

[①] Key Considerations: Financial Consumer Protection and New Forms of Data Processing, Beyond Credit Reporting, World Bank Group（December 2017）.
[②] 同上。

汇总或对比单一申请人的数据就变得较为困难。CRSP跨境收集的数据变量是非标准化的，倘若采用替代性数据，情况将会变得更糟。鉴于缺乏一套对比和汇总申请人信用信息的核心变量，因此根据跨境数据对申请人的信用信息进行对比和汇总可能会很困难。

政策建议14：合作

为提高中小微企业跨境共享的信用信息的可比性和一致性，进一步加强国际合作（诸如国际清算银行数据共享特别工作组等标准制定机构的合作）是十分必要的。

专栏5：亚太经合组织跨境信用信息共享

受亚太经合组织工商咨询理事会邀请，国际金融公司（IFC）和商业信息产业协会（BIIA）对泰国、柬埔寨、老挝、越南和中国的部分CRSP展开试点工作——通过访问跨境中小（微）企业信用信息，推动实施并完善亚太经合组织金融基础设施开发网络中信用信息系统要素。为使跨境信用报告更容易理解，正在努力创建区域数据词库。此外，跨境信用报告涉及的诸多要素（如性别）可能在某一特定司法辖区禁止使用但在其他辖区却广为使用，因此该数据库将对任何符合以上情况的数据要素进行识别。

政策建议15：数据法律协调

政策制定者和监管者应努力协调与替代性数据相关的数据保护和隐私法律。

政策建议16：数据属性协调

在国内和国际层面上，有必要鼓励建立一套有关中小微企业的、可在国内和国际共享的、协调一致的数据属性核心集合，数据涵盖财务数据和信贷绩效方面的内容。

政策建议17：全球法人机构识别编码

政策制定者应评估实施"全球法人机构识别编码"[①]或其变体（如对个人的"促进发展身份证明"（ID4D））的可行性，以解决数据的跨境使用和共享问题。

---

① https：//www.gleif.org／en／about-lei／mckinsey-company-and-gleif-creating-business-value-with-the-lei.

> **专栏6：全球法人机构识别编码（LEI）**
>
> 全球法人机构识别编码是基于ISO 17442标准、由20位字母及数字组成的代码，以唯一识别在最广义上从事金融交易的不同实体。它与关键参考信息相连接，这些信息能够清晰且唯一地识别参与金融交易的法律实体。简而言之，公开可用的LEI数据池可以被看作是一个全球目录，它极大地提高了全球市场的透明度。
>
> 金融稳定理事会（FSB）重申，采用LEI以巩固"多重金融稳定目标"，例如改善企业风险管理以及更好地评估微观和宏观审慎风险。因此，LEI促进了市场诚信，同时遏制了市场滥用和金融欺诈。最后但同样重要的是，LEI正式提出"全面支持更高质量和更准确的金融数据"。
>
> 公开可用的LEI数据池是获取全球法人机构标准化信息的关键。根据LEI监管委员会制定的协议和程序，对这些数据进行注册和定期验证。全球法人机构识别编码基金会（GLEIF）与全球LEI系统的合作伙伴通力合作，继续专注于进一步优化LEI数据的质量、可靠性和可用性，便利市场参与者从大量的LEI信息中获益。
>
> LEI倡议的推动者，即二十国集团、金融稳定理事会（FSB）和全球各地许多监管机构，都强调了使LEI成为广泛使用的社会公共产品的必要性。GLEIF提供的全球法人机构识别编码指数（Global LEI Index）极大地推动这一目标的实现，使任何感兴趣方都可以便捷、免费地处理全部LEI数据。
>
> 全球LEI指数伴随着与LEI采用比例相一致的增长，会给广大商业社会带来好处。为了最大限度地发挥机构识别在金融市场及其他市场所能产生的收益，应鼓励企业参与这一过程并获得自己的LEI。获得LEI很容易，注册人只需查阅全球法人机构识别编码基金会网站上提供的LEI负责发放编码的机构名单，即可联系其偏好的业务伙伴。

3.5 平衡诚信、创新和竞争三者关系

监管部门和政府机构在行使维护金融稳定职能时，经常面临一个挑战，即如何在促进创新和确保市场稳定之间实现适当平衡。伴随着替代性数据的扩大使用，监管机构应确保其在实施充分的数据保护及关注消费者隐私的同时，不会扼杀创新。

在技术变革快速发展的情况下，人们对实际风险及其对消费者和市场影响的认识仍然有限，也加剧了这一挑战。过于宽松的标准可能导致过度负债和欺诈，而过于严格的标准可能会限制获得信贷。

世界银行、支付与市场基础设施委员会联合发布的《普惠金融支付领域报告》（PAFI）①以及《G20数字普惠金融高级原则》，强调了在金融服务市场中平衡创新和竞争的必要性。在鼓励获取信息共享的同时保持金融体系的诚信，对监管者和政策制定者来说是一项挑战。

此外，关于企业征信机构的情况——其如何更广泛地为中小微企业的信贷提供者和信贷市场提供服务——的区域信息或全球信息明显不足，在许多情况下，即使在国内也无法获得这些信息。但有关企业征信的各种特征，以及世界各地现行做法的统计数据和详细信息，无疑对征信服务的所有参与者都是有用的。

政策建议18：负责任创新

政策制定者和监管者应在制定负责任创新原则方面展开合作。这种合作可采取由公共部门和私人部门参与者组成的特别工作组的形式。在全球范围内，各国政策制定者和监管者应参与定期开展的全球调查或类似研究，以获得关于企业征信活动方面的详细、全面和系统的信息。

政策建议19：监管创新工具

政策制定者和监管者应考虑实施/利用有利于创新的监管工具（如创新中心和监管沙箱），在市场上推动以替代性数据为中心的创新，包括替代性评分技术。该政策建议应考虑各国具体情况和市场动态。

3.6 数据隐私、网络安全和消费者保护

尽管替代性数据有很多好处，但它的使用引起了数据隐私和消费者保护等重要的问题，如向第三方披露保密信息、缺乏透明度和歧视。根据《通用原则》，征信系统应安全、有效，并保护信息主体和消费者的权利。

此外，新技术的采用，以及将新型参与者纳入征信生态系统之中，也为系统安

---

① World Bank and the Committee on Payments and Market Infrastructure on Payment Aspects of Financial Inclusion（PAFI）September 2015 https：//www.bis.org/cpmi/publ/d133.pdf.

全带来了新的脆弱性隐患。数据安全面临一些常见威胁，包括来自外部的网络攻击、服务提供商雇员及（或）用户不恰当的数据使用、意外数据泄露、意外数据丢失以及自然灾害等。

不完备的数据保护措施、标准及规则，可能使消费者遭受财务损失、泄露隐私和对金融系统失去信任。

许多新的金融服务提供商及（或）金融科技公司，可能没有足够的资源投资于强大的系统安全标准和数据保护。因此，这些机构可能会发现自身处于风险之中，并最终可能成为整个生态系统脆弱的根源。美国金融业监管局（FINRA）等一些监管机构已为替代性贷款机构编制了基本清单，尤其是支持替代性贷款方式的新型金融机构和第三方提供商。包括：

- 识别和评估网络安全威胁；
- 保护基础设施和平台免受网络入侵；
- 检测折中措施或漏洞；
- 通过以风险为基础的计划作出回应；
- 恢复/替换丢失的数据。

鉴于大多数替代性贷款机构、第三方聚合器和数据分析提供者也储存、使用或以电子方式传送个人身份信息（姓名、身份证、社保号码、出生日期、地址和其他重要个人数据）、敏感信息（财务记录、账户信息、纳税申报），所以应采取其他措施来保护个人隐私。

根据《通用原则》的原则二，越来越需要严格的安全标准，以确保数据得到保护。征信系统的所有参与者都应尽最大努力，采取商业上合理的数据安全保护措施，保护数据免受这些及其他潜在风险的威胁。

应采取具体措施和保障措施，处理数据安全的逻辑、物理和组织三方面问题（即所谓的"数据安全三维方法"），这些保障措施的目的应是遏制、限制和应对破坏数据安全的行为。此外，应定期审查各项措施和保障，以确保它们能及时、有效地应对新出现的威胁。

替代性数据在征信和信用评分中使用量的增加、处理速度的加快，使人们对数据隐私和消费者保护产生了新的担忧。

政策建议20：数据隐私、消费者保护和网络安全

为了解决与替代性数据相关的数据隐私、消费者保护和网络安全方面的问题，本报告从征信视角出发，采纳了GPFI的金融消费者保护法（FCPL）小组在《替代性数据的数据保护和隐私》讨论文件中提出的政策建议。

在GPFI的上述文件中，对与以下政策领域有关的问题作出了界定：

（1）数据隐私保护和消费者保护；

（2）平衡选择适用和不适用模式；

（3）保护网络安全和数据完整性。

专栏7：数据隐私、消费者保护和网络安全政策建议

政策指引：合法收集信息

应合法收集和处理用于评估消费者和中小企业信用状况的替代性数据。相关法律依据应包含消费者对于必要的信息收集和处理的同意意见：（1）数据主体是合同履行的当事人之一；（2）遵守法律义务；（3）保护数据主体的重要利益；（4）为公共利益或行使被赋予的管理权限而执行的任务；（5）出于管理者或第三方所追求的合法权益的目的。

政策指引：同意

认识到收集和进一步处理数据还有其他法律依据，当替代性数据用于非数据收集目的时——与国内法律一致——消费者的同意是必要的。本政策指引也适用于跨境数据流动。当数据由第三方提供时，应采用成本节约机制，来满足同意授权要求。

政策指引：准确性和可靠性

监管者、决策者和行业参与者应采取措施确保所收集的替代性数据是合法的、与正确的消费者相匹配、是最新的且与使用目的相关。认识到数据不会完全没有错误，通过明确与信息收集、数据处理和信息进一步分送相关的要求，提高从多个来源获取的数据的准确性，从而作出风险评估决策。

政策指引：消费者权利

数据控制者应该建立允许消费者访问的机制，赋予消费者在数据保留期根据适用法律或规则在必要时更正他们的信息和要求删除数据的权利。此外，消费者

还应该能够反对基于某些目的（即营销）而处理他们的信息。在不影响数据可用性的前提下，消费者也应该有权将数据传输到他们选择的其他任何服务提供商。

政策指引：安全

与现有的国家网络安全计划一致，行业参与者应定期开展网络安全风险评估，制定有效应对网络事件的政策和程序，尽可能快地（或按照法律要求）将网络事件传达给包括消费者在内的所有相关方，并投入资源评估、监测和减轻网络事件的后果。这些措施也适用于涉及处理和储存个人信息的所有外包服务。

政策指引：歧视

政策制定者和行业参与者应采取措施，确保替代性数据的预测性经过测试和验证，确保使用替代性数据开发的评分模型不会使受保护群体受到歧视。考虑到其风险预测能力和替代性决策工具的可得性，禁止或限制使用包含历史歧视的替代性数据。

政策指引：透明度

行业参与者应该建立机制，使消费者能理解收集数据的关键事实（例如，数据汇总者的名称、收集数据的目的、数据的潜在用户、消费者的权利、争议处理机制的细节和此类数据收集的法律依据）。告知消费者这些事实，有助于提高透明度和信任度。这可通过隐私政策或隐私文件来实现，隐私政策或隐私文件既可以电子方法提供，也可以其他任何方式提供。

3.7 保持定价透明

作为富有活力和竞争性的信贷市场的基础，征信系统应有效支持经济中合理和公平的信贷扩展活动。提高征信生态系统的自动化和数字化水平，可能会进一步降低使用 CRSP 获取和处理信用数据的成本。

随着时间的推移以及可访问和可使用的数据越来越多，信用评分方法的复杂程度也越来越高。新方法已经使得 CRSP 能基于消费者风险将消费者更好地区分开来[①]。

---

① The Role of Credit Reporting in Supporting Financial Sector Regulation and Supervision，International Committee on credit Reporting，January 2016.

因此，强大的征信基础设施能够降低借款人的信贷成本。

政策建议 21：风险定价

政策制定者应鼓励贷款人采用风险为本的定价法，从而使借款人可以从较低的贷款成本中受益。风险为本的定价法应该融入贷款人的授信政策和程序。此外，有必要对评分（特别是风险为本的定价方法）的益处进行金融教育。

四、结论和建议

推动替代性数据在征信中的使用，可以拓展中小微企业和个人获得信贷的渠道。这对那些"无信用记录或薄信用记录"的人意义尤其重大，用替代性数据源补充传统数据源可以帮助设计更有针对性的金融产品和服务。采用替代性数据会带来各种挑战和（或）风险，为使替代性数据能更有效地被利用，这些问题需加以解决。

本政策指引为各国提供了考虑采用和使用替代性数据增强征信功能的建议。

报告五
可持续全球价值链中的中小企业融资

世界银行集团

中国人民银行金融消费权益保护局　译
2019年3月

"我们已经认识到普惠金融全球合作伙伴（GPFI）所做工作的重要性，并将提供更优的融资条件、技术以及培训设施，帮助中小企业提高自身能力，融入可持续和包容的全球供应链。"

二十国集团（G20）峰会公报

汉堡，2017年

致谢

这份报告是世界银行集团（World Bank Group）在德国联邦经济合作与发展部（BMZ）的领导下，受德国联邦经济合作与发展部和德国国际合作机构（GIZ）委托，为二十国集团（G20）框架下普惠金融全球合作伙伴（GPFI）所撰写。

项目经理 Ghada Teima（世界银行集团金融与市场全球实践部首席金融专家），以及共同作者 Leora Klapper（世界银行发展研究组首席经济学家）和 Jake Hess（世界银行发展研究组研究分析师）对以下专家给予报告的宝贵贡献和同侪评阅致以谢意：

Sandra Abiola，国际金融公司（IFC）

Simon Bell，世界银行集团

Matt Gamser，中小企业融资论坛（SME Finance Forum）

Daria Taglioni，世界银行集团

Nevin Turk，国际金融公司（IFC）

Panos Varangis，世界银行集团

Esra Arikan，世界银行

Marjolaine Chaintreau，联合国资本开发基金

Xavier Gine，世界银行

Terry Foecke，材料生产力有限公司（MatProd）

Sabine Hertveldt，更好工作计划（Better Work Program）

Eriko Ishikawa，国际金融公司（IFC）

Svetlana Klimenko，世界银行

Mariem Malouche，世界银行

Tara Norton，商务社会责任国际协会（BSR）

Roland Michelitsch，美洲开发银行（IDB）

Michael Toman，世界银行

Raina Spence，全球良好农业规范（GlobalGAP）

Peer Stein，国际金融公司（IFC）

值得注意的是，这份报告是几个组织之间密切协作的成果。本团队特别感谢：Maximilian Heyde（BMZ 高级政策官员），Natascha Weisert（BMZ 高级政策官员），Wolfgang Buecker（GIZ 部门项目主管），Jens Windel（GIZ 金融体系顾问），Makaio Witte（GIZ 金融体系顾问），Peter Wolff（德国发展研究所（DIE）高级研究员）和 Christoph Sommer（德国发展研究所研究员）。

最后，向所有 G20 国家致以衷心感谢，也向 GPFI 中小企业融资小组共同主席 Natascha Beinker、德国联邦经济合作与发展部、土耳其财政部副部长 Ozlem Oktay 所给予的支持和指导致以衷心感谢。

概要

中小企业（SME）加入全球价值链（GVC）可对新兴经济体的发展作出贡献。有证据表明，当一国及其企业融入全球价值链后，能实现更快的发展或增长。

■ 新兴经济体中的中小企业对全球价值链的参与并不均衡，主要原因之一是缺乏金融服务。尽管中小企业贡献了就业和 GDP 的大部分份额，但它们通常难以获得信贷，其中妇女拥有的中小企业面临的融资障碍尤其严重。

全球价值链越来越受到可持续性标准的影响。这些标准有些是自愿的，有些是强制性的。比如，国家环境保护法规是强制性的，而公平贸易或有机认证等则为自愿的可持续性平台。

■ 领导企业在加入价值链前通常期望其供应商遵守劳工和环境标准。有证据表明满足这些标准使得企业更具盈利性，工人和环境也可能从中受益。但是标准本身也会带来成本，正如本文所述，关于标准最终是否对中小企业有利仍有争议。缺乏融资是中小企业较难负担这些成本的主要原因。

政府、借款人和企业给中小企业提供金融和技术支持，帮助其改善可持续性业绩。

■ 开发性金融机构给新兴国家的银行提供信贷额度，使其能转贷给当地的中小企业。有些开发性金融机构也为中小企业提供贷款担保和技术咨询，以帮助它们满足标准要求。

■ 投资者和出借人直接给中小企业提供股权投资或贷款。非营利组织给中小企业提供可负担的资金以提高其可持续性。有些商业银行通过可持续性标准筛选申请人，并给有较好可持续性业绩的申请人提供更优惠的贷款。各类投资人越来越多地要求被投资公司披露可持续性相关信息。可持续股票指数反映了投资人对可持续性与日俱增的商业兴趣。

■ 诸如全球价值链领导企业等大型全球购买方帮助其供应商获得融资。购买方通常跟踪调查其供应商对劳工和环境规则的遵守情况。

——一组时尚行业的重要零售商对遵守可持续性法规规则的供应商提供更好的供应链融资条件。有些零售商将提供这种融资视为对其供应商的激励，以激励其供应商投资更高效节能的设备，或完善管理体系以改善劳工标准。

——非政府组织与领导企业和供应商一起改进供应链。例如，有些非政府组织提出了有关促使工厂更节能的方法，有些则专注于帮助农民遵守杀虫剂使用相关的国际规则。

——对领导企业从妇女和残疾人等传统上被排斥群体所开设企业购买资源的呼声与要求日益高涨。

政府和企业在帮助中小企业改进可持续性实践方面可以更有作为。相对而言，现在仅有少数公司基于这个目的提供有效融资支持。尽管在以下领域已经取得了进展，但仍需付出更多努力：

■ 政府可以就中小企业借贷推荐基本社会和环境准则，也可以提供技术援助帮助出借人评估这些标准。鼓励上市公司报告供应链的社会和环境风险能够推动可持续性升级。

■ 投资者和出借人可以开发相应工具去评估投资的可持续性风险以及投资的社会和环境影响。他们同样可以利用可持续性业绩去衡量信贷资质，并将其作为长期业绩的衡量指标。

■ 可以激励企业去跟踪其供应商的可持续性标准，并对可持续性业绩得到改善的供应商提供更优惠的贷款和金额更大的订单。

——供应链相关文件例如发票等的数字化，可以加快提升供应商的融资可得性。

引言

提高中小企业的融资可得性长期以来一直是G20框架下普惠金融全球合作伙伴（GPFI）的一项优先考虑议题。提升中小企业在全球价值链中的地位是2016年G20杭州峰会的一项目标，G20领导人重申了其支持中小企业发展和融入全球价值链的意愿。2017年，在德国担任主席国期间，德国强调了在可持续全球价值链中中小企业融资的重要性，进一步将其与G20《可持续发展目标》（SDG）保持一致，并进一步强调公司遵守基本的劳工、社会和环境标准的必要性。

这份报告展示了政府、金融机构以及企业如何共同努力，支持建立适当的融资模式，这些模式应能推动中小企业升级其生产流程，以便遵守全球价值链的可持续性标准。

第1部分探讨了中小企业和全球价值链对新兴经济体的重要性，也探讨了可持续性标准的出现，及其给中小企业带来的机遇和挑战。人们发现，缺乏融资限制了中小企业的能力，使其难以满足标准，也难以实现其促进增长、就业和创新的潜能。

第2部分展示了一项评估活动的结果，这项评估基于对G20和非G20经济体政府、金融机构、企业及信息技术平台进行的调查。此调查覆盖了这项研究的关键主题，并将重点放在不同的融资模式和支持机制上。与重要利益相关者的访谈对调查形成了补充。案例研究表明，公共和私人部门参与者采用若干模式为中小企业改进可持续性提供资金支持，但这些模式还未被广泛应用。调查发现，尽管大部分公司表示支持社会责任，但为其供应商提供融资或契约激励以帮助它们提高可持续性的公司相对较少。

第3部分简要介绍了一些考虑，旨在推动各类利益相关者、政府、金融机构以及企业开发新的融资模式，从而支持全球价值链中以可持续性为导向的中小企业发展。关于向中小企业提供借贷，政府可以倡导采取一致的标准，以及采取可持续性原则。金融机构可收集有关借款人的可持续性指标，并可据此评价借款人信用状况。企业可通过为可持续性改善提供激励措施（如采购时以更高的价格购买存货和服务），建立可持续供应链。将供应链文件数字化，例如使用电子发票，能够帮助中小企业更迅速地获得供应链融资等金融服务。

第1部分　全球价值链中的可持续性标准：对中小企业的启示

1.1　中小企业与全球价值链

近几十年来全球价值链发展迅速。然而，尽管中小企业对新兴经济体而言非常重要，却较少参与到全球价值链中去。

中小企业是新兴国家经济的基石。本研究针对正规中小企业。参与全球价值链要求中小企业满足正规商业运营标准，例如在政府部门登记注册以获得增值税识别码。在新兴国家，正规中小企业雇用了总就业人数的近一半，贡献了约 1/3 的 GDP。如果包括非正规中小企业的话，这两个比例甚至更高。[1]关于何谓中小企业并未形成共识，在本报告中，中小企业是指雇员数量在 10~250 名之间的企业。[2]从分布上看，本文所讨论的企业雇员人数越接近前述区间上限，这类企业往往越少。但不同行业的企业规模不一。举例来说，在农业经济供给链中，许多供应商是小农场主；而在纺织业和服装业供给链中，供应商往往为规模较大的中小企业，因为对于小型制造商而言，满足大额订单要求及可持续性标准要求，需付出过高代价。

全球价值链为跨越国家的生产网络。过去，大多数公司将其生产集中在一个国家。然而现今，生产制造已分散在多个国家进行。全世界总出口品中约有 1/3 是可以直接出售给最终消费者的成品，其余的则需要在最终销售前在价值链中进一步加工。[3]生产过程的割裂为新兴国家的中小企业提供了更多的与全球大公司合作的机会。中小企业因而可以专门生产或提供价值链中特定的产品和服务，而非自己独立生产整个产品。

全球价值链的兴起使得中小企业有机会驱动经济增长、创造就业及进行创新。自 1980 年起，全球产品及服务的总出口均增长了 10 倍左右，而外国直接投资净流入增长了约34倍。[4] 从1995年到2011年，新兴国家在全球价值链中的参与度翻了一番，但这些国家在全球中的数量占比依然较小，约为11%。中小企业参与全球价值链的情况在各新兴国家差异很大。据估计，在东盟各经济体中，参与全球价值链的中小企业占比由印度尼西亚的6%到马来西亚的近50%不等，参与的性质也各有不同。[5] 尽管一些中小企业直接向领导企业提供产品和服务，但更多的中小企业则是与其他供应商合作向领导企业提供产品和服务。在新兴国家，全球价值链上游中小企业主要集中在农业以及附加值低的制造业和服务业等行业。[6]

通过全球价值链，二十国集团（G20）国家之间通过全球价值链进一步增进了联系。图5-1通过两个维度衡量了全球价值链的参与情况：用于出口的进口投入，以及用于第三国出口的中间投入品的出口。图5-1表明，1995年以来绝大多数G20国家参与全球价值链的程度都有所提高，特别是在亚洲。其中韩国参与度最高，在全球价值链内进行贸易的半成品占其出口2/3左右。在大多数G20国家中，这一比例在35%~45%之间。[7]

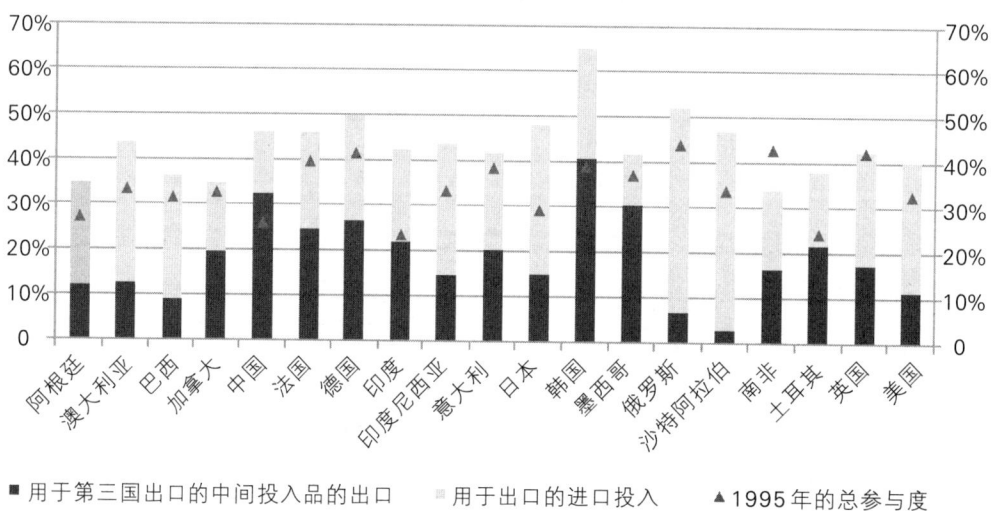

■ 用于第三国出口的中间投入品的出口　□ 用于出口的进口投入　▲ 1995年的总参与度

图5-1　1995—2009年间全球价值链参与度有所提高

注：图中指数以出口总额的百分比来计算，包括两个部分：一是出口产品中的进口部分；二是用于第三国出口的中间投入（商品和服务）出口。[8]

资料来源：OECD，WTO and World Bank Group（2014）.

高收入经济体中的全球价值链融合较新兴区域更为深入。截至2011年，高收入经济体出口总额中超过一半都归因于全球价值链。在除欧洲和中亚以外的所有新兴区域，这一比例都低于50%，其中南亚最低，约为35%（如图5-2所示）。但是在2001—2011年，几乎所有新兴区域的全球价值链参与度都显著提高，只有中东和北非地区增长不明显。各个地区参与全球价值链的程度也不尽相同。在高收入组区域以及东南亚和东亚地区，一半以上的国家向本区域内的其他国家出口全球价值链相关的产品或服务。而在其他地区，绝大多数此类出口的目的国家都在其他区域。

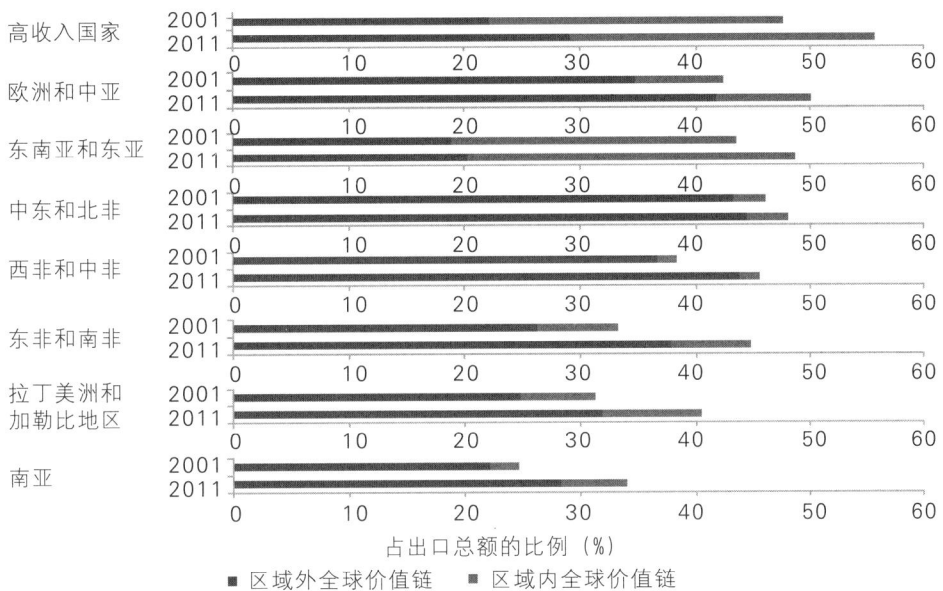

图5-2　全球价值链参与度因区域和收入水平而异

注：图中显示的是综合全球价值链参与度比例，它结合了两个方面的信息：使用外国产品及服务作为一国出口品的投入的信息，以及企业为其他国家生产出口品提供的中间产品或服务的信息。这一比例以占出口总额的百分比来表示。[9]

资料来源：Kowalski et al.（2015），转引自 Cusolito et al.（2016）。

全球价值链的扩展为小型企业带了机遇，同时也带来许多挑战。

下一节将对此进行探讨。

1.2 全球价值链对中小企业的机遇与挑战

有限的信贷可得性阻碍了中小企业从参与全球价值链中获益，这些益处包括生产率提高，有机会增加产品附加值，以及更大的产品需求。

参与全球价值链生产有助于企业和国家发展。中小企业可利用与大型全球购买方之间的关系，获得更好的融资条件。处于全球价值链前端的大型公司往往为供应商们提供高级培训和先进的设备以保证产品质量。这些技能和资本的转移有助于提高供应商的竞争力。大型公司还帮助供应商学习生产更复杂、利润更丰厚的产品。[10]最近有一项研究，讨论了15年来全球价值链对于40个国家的13个部门的影响。研究者们发现，全球价值链相关贸易每增长10%，就会促使劳动生产率平均提高近2%。[11]一项在戛纳、肯尼亚和赞比亚开展的调查初步结果显示，全球价值链参与度与劳动生产率正相关。[12]一项新的研究表明全球价值链可以刺激工业发展。其中一项提出，无论一国多么贫困，参与全球价值链都将提高国内产品附加值及劳动生产率。[13]全球价值链还可驱动经济增长。在那些融入全球价值链速度最快的发展中国家，人均GDP增长率高于平均水平2个百分点。[14]

行业领导企业日益期望它们的供应商在加入其价值链之前即满足可持续性标准。关于可持续性标准的一个广义概念为："明确界定行业或产品良好社会和环境实践的一（几）套准则。"[15]例如，环境标准可能要求供货的农场达到一定卫生条件并确保食品类产品不受到农药或其他有害物质污染，其他标准可能要求为工人设定合理工资水平并提供适合的工作环境。许多相关研究都聚焦在农产品供应链，因为其相对于制造业供应链较为简单。[16]而汽车由成千上万的零部件组装而成，跟踪调查其供应链的可持续性标准比较困难。[17]

1.2.1 满足国际通行标准可提升企业竞争力及改善工人生活

一些研究认为，满足标准将改善公司的财务状况，但为什么如此却始终存在一定程度的不确定性。是标准引起了财务状况的改善，还是本身盈利能力强的企业选择了采用标准？尽管研究者们尽量控制公司的特征变量以单独考察标准产生的影响，但问题仍旧存在。有证据表明，对于一些企业来说，满足标准的成本高得令人望而却步。另有研究证明，标准的采用阻碍了贫困国家与富裕国家间的贸易往来。关于这些问题，特别是关于非农业产业的问题仍需进一步开展研究。本节梳理了这些争论，并对影响中小企业融资的标准进行探索。

有证据表明，采用标准使得企业更具竞争力。例如，很多欧洲食品零售商要求它们的供应商达到GlobalGAP（一家非政府组织）制定的标准。这一认证的要求之一，是供应商须将污染控制在最低限度，并确保农场工人得到公正对待。一项针对撒哈拉沙漠以南地区10个非洲国家的生鲜食品出口商开展的研究发现，满足GlobalGAP标准的企业收入要比未达标企业高出约260万欧元。[18]

其他研究认为，合规产品将从需求增长中受益。一项针对经合组织高收入国家农药残留规定所产生影响的研究发现，尽管达到这些标准增加了贫困国家出口成本，但由于食品安全得到改善，相应需求强劲增长，足以抵消成本上升产生的影响。[19]采用标准还将改善市场准入。在中国，将国内标准与国际标准接轨带来了0.5%~1.54%的农业出口增长。[20]国际标准化组织（ISO）是一家私有的多方持股的组织，旨在为产品、行业及部门开发标准和规范。一项关于中国企业（主要是制造行业）的研究发现，取得ISO环境认证有助于企业增加利润、扩大市场份额及提高人均销售量。[21]

达到相关标准也可迫使企业升级自身的运营体系。一项在59个国家开展的关于制造企业受国际质量及环境认证影响的研究发现，国际认证促进了效率提升，进而导致生产率提高和销售额增长，其中制度较为薄弱的国家的增幅最大。[22]当主要进口国德国禁止在皮革生产中使用偶氮染料和五氯苯酚后，印度的皮革工业最终也从中受益。印度政府根据这一禁令作出调整，开始禁止这两种化学物质的生产和进口，同时还调低了安全化学制品的关税。在此期间，德国帮助印度改进研发能力。德国发展机构德国技术合作公司（GTZ）在印度建立了一个使用最先进技术的皮革测试及认证中心。印度企业能生产出更好的化学制品，并出售给小型供应商。印度能遵守禁令，对德出口实现了增长，即便在小企业中也是如此。[23]在塞内加尔，引入欧洲食品标准导致了农业供应链的调整，进而减少了贫困现象并提高了农民收入。[24]

推行如公平贸易和有机认证等自愿可持续性计划也会产生积极影响。最新研究表明，参与公平贸易倡议的农民，其商品售价通常更高，有更好的融资条件并且更可能采用环境友好型耕作方法。[25]在秘鲁，取得公平贸易认证的咖啡种植者，可以将公平贸易倡议下的交付合同用于质押，从而显著提高其信贷可得性，获得更高额度的贷款。[26]一些证据表明，自愿计划还可促进性别平等。研究者们研究了公平贸易、有机和UTZ可持续性农业认证对乌干达小规模咖啡种植者的影响。参与可持续性计划的妇女和男性接受关于咖啡生产和性别平等的培训。研究发现，认证减少了男性独掌咖啡销售收入的可能性。通过认证的家庭收入更高，食物也更有营养，研究人员认为这在某种程度上归功于性别平等观念的提升。[27]

其他自愿可持续性标准旨在通过提高透明度来改善供应链。开采业透明度倡议（EITI）标准适用于石油、天然气和矿业供应链。签署国必须披露供应链各个阶段的信息，包括如何使用开采业销售收入来回馈本地社区。签署国政府将公布从开采业公司收取的金额，公司也会披露其向政府支付的数额。一些研究认为，参与EITI增加了供应链透明度，有助于遏制矿藏资源丰富国腐败的蔓延。[28]另一项研究发现，参与EITI可能对监管质量和外国直接投资具有积极影响，但未发现对其他治理及经济发展指标有改善作用。[29]

履行标准可改善工人生活质量。一项最新研究是探索国际标准化组织（ISO）的管理标准对工人产生了怎样的影响。部分标准中包含劳动力有关的内容，比如雇员培训和遵守劳动法。这一研究发现，通过认证的企业支付工人的薪酬更高，并更有可能提供正规合同。[30]全球价值链供应商的雇员们还有机会获得更好的金融服务，因为他们能够使用正规银行账户和进行数字支付。在孟加拉国进行的一次随机对照实验中发现，用电子手段代替现金来向工人们支付工资增加了他们对工作的整体满意度，这可能是由于便利性的提升以及正规银行账户所具有的储蓄功能。[31]

1.2.2 信贷缺失、基础设施落后及制度薄弱阻碍中小企业参与全球价值链

然而，要想从参与全球价值链中获益，小企业仍面临各种障碍。2013年，经合组织（OECD）和世界贸易组织（WTO）对领导企业和供应商们进行了调研，了解其进入价值链的主要障碍（如图5-3所示）。有近2/3的低收入国家供应商都提及缺乏融资的问题，这些企业反映，信贷约束毫无疑问是它们面临的

最大障碍，这可能与2008年全球金融危机有关。[32]这也印证了此前的实证研究结论：即便控制了公司规模、年限和行业等变量，受融资约束企业的出口可能性也显著更低。[33]

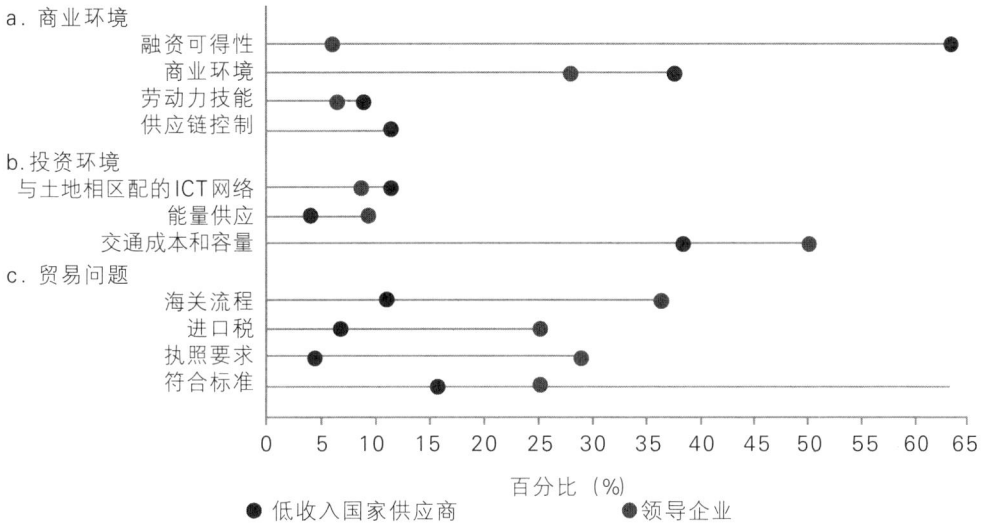

图5-3 融资难是供应商进入全球价值链的主要障碍[34]

资料来源：Cusolito，A. P.，R. Safadi，and D. Taglioni（2016）.

国际金融公司（IFC）估测，新兴国家中小企业的融资缺口超过了2万亿美元，因此影响了这些企业吸纳就业和促进经济增长的能力。[35]IFC预测新兴经济体中多达70%的正规中小企业未享受或未完全享受到正规金融服务。小微企业固有的一些特征决定了它们不为银行所青睐。由于小型企业与生俱来的特质，同大型企业相比，它们更难以提供银行合理贷款所需的抵押物。新兴国家中小企业通常也缺乏信用记录、商业计划以及其他银行评估信贷风险时所需的文件。[36, 37]

基础设施落后和治理能力不足进一步恶化了中小企业融资难问题。在一项经合组织-世贸组织（OECD-WTO）联合开展的调查中，逾1/3的供应商认为不良的营商环境已成为参与全球价值链的一个障碍，同时有相同比例的人提出了运输成本和运输困难问题。在缺乏竞争的环境下，银行为中小企业等小型客户提供服务的意愿不强。在那些法律和制度薄弱的国家，融资约束也更为严重，[38] 因为银行家认为，如果违约发生时法院不能弥补其损失，那么他们便不愿冒风险贷款给企业。另一项有关全球价值链的发现是：在法律标准较低的国家，面临信贷紧缩的企业如想进入外国市场将处于更大的劣势。[39] 腐败和复杂的规定也导致了信贷缺口。[40] 除这些障碍外，中小企业在为可持续性升级而进行绿色融资时，还面临额外的限制。例如，银行缺少关于中小企业绿色融资需求的相关数据，在对中小企业进行贷款风险评估时，也不会考虑其环境绩效。[41]

妇女所拥有的中小企业遇到的阻碍更大。据IFC的估计，在新兴国家女性拥有的中小企业中，多达70%的企业得不到金融服务，或金融服务需求得不到满足。从全球来看，这一信贷缺口达2 850亿美元。平均来看，女性拥有的企业规模通常是男性的一半。女性拥有的企业通常处于零售或食品服务等利润较低的行业，女性拥有房产或存款的可能性也较低。此外，女性企业家也受到非金融因素的制约，这些因素包括保守的文化观念，也包括认为女性更应专注于家务等观念。[42]

1.2.3 标准可能会给中小企业带来额外成本——信贷缺口使其难以覆盖这些成本

中小企业信贷短缺降低了其达到国际可持续性标准的能力。如前文所述，一些研究表明遵循这些标准可使这些公司更具有竞争性。但也有大量证据表明，标准也会给企业带来额外成本——这些成本负担对中小企业来说尤为沉重。经合组织-世贸组织的联合调查发现，15%的新兴国家供应商认为难以满足标准是进入供应链领域的一大障碍，而在领导企业中，这一比例为25%。

例如，为满足环境标准，企业通常被要求执行复杂和昂贵的程序，比如检测食品中是否有生物或化学危险成分。中小企业往往难以承担更安全的废物管理成本以及更好、更高效的机器所需要的投资。重要的是不要忘记，这些并不总是一次性开支：公司必须在技术和员工等方面进行持续投资，以确保自身始终符合标准要求。

20世纪90年代，孟加拉国为了满足美国和欧盟标准，要求鱼类出口企业必须升级鱼类处理设施以及产品检测实验室。这一成本相当于该国虾出口总额的2.3%，而那些已升级设施的维护成本相当于出口额的1.1%。[43] 通过对16个新兴国家制造业和农业领域的公司数据进行分析，研究人员估计每家公司为了满足标准每年所需的固定成本大约为425 000美元，主要是更多的人力和资本支出所致。[44] 由于要进行审核以记录持续满足标准的情况，因此自愿的可持续性认证也会带来高额成本。对肯尼亚 UTZ 和公平贸易认证的研究估计，每年这一成本在 700~1 200 欧元之间。[45]

同时也有证据表明标准限制了新兴国家的出口，其中小企业受影响最为严重。[46]研究还表明，欧盟标准，由于与国际标准并不完全一致，因而增加了非洲地区服装和纺织制造商的成本，并减少了其出口。[47]新兴国家的企业通常缺少关于标准的相关知识，且这些标准在国家间各不相同，使得满足标准更加困难。同时，接受外部的资金和技术援助被证明有助于提高企业满足标准的能力。[48]

尽管满足标准有很多挑战，生产商承担了可持续性升级所带来的大部分成本。国际贸易中心的数据显示，在自愿的可持续标准认证中生产商承担了 2/3 的实施成本以及一半以上的认证成本。[49]它们同时也得到供应链伙伴的资金支持，这有助于帮助其降低实施和认证成本。

这表明，很可能存在明确的质量及可负担融资需求，以帮助企业提升其可持续性业绩和获得参与全球价值链带来的好处，而且这种需求日益强烈。正如下一节所证明的，随着商家和消费者对以可持续方式生产的产品的需求越来越强烈，国际标准越来越得到广泛接受。

1.3　全球价值链中社会标准和环境标准的相关性日益增加

随着商家和消费者对以可持续方式生产的产品需求越来越多，中小企业需要融资去满足各种各样且日益增加的可持续性标准。

1.3.1　全球价值链可持续性标准概览

为提高全球价值链的可持续性，已开发了多套标准，既有公共部门的，也有私人部门的，既有强制性的，也有自愿的。

社会和环境标准——也被称作可持续性标准——近年大量涌现。可持续性标准既有公共部门的也有私人部门的。各国政府或政府间组织采用公共标准，而公民社会组织、企业、行业协会实施私人标准。[50]如表 5-1 所述，各种标准间的另一个区别是自愿和非自愿。

表 5-1　　　　　　　　　　　　　可持续性标准分类[51]

	公共	私人
强制	**法规**	**法定私人标准**
	例子：排放标准（例如《欧洲汽车尾气排放标准》（Euro 6），美国《清洁空气法》）	例子：参照《欧盟 CE 标记指令》中的 ISO 9000
	起源：各国政府、各国标准制定机构	起源：自愿可持续性标准及各国政府
自愿	**公共自愿标准**	**私人自愿标准**
	例子：《国际劳工组织关于跨国公司和社会政策原则的三方声明》	例子：自愿可持续性标准（如 Fairtrade，GlobalGAP.），CSR，ISO 26000
	起源：各国标准制定机构、政府间组织、国际倡议等	起源：行业协会、个体企业社会责任、公民社会/企业的多利益相关者倡议

　　政府运用法规，对企业施加一定限制，以保护环境以及公民安全和健康，例如制定机动车行业的排放标准，限制食品生产中的杀虫剂使用等。一国的法律通常根据国际宣言以及政府间组织的协议而制定，这些文件旨在解决一些全球性问题（其中最重要的是气候变化、体面的工作以及贸易等）。

　　政府间的协定已经设定了一系列自愿可持续性准则：

　　■《国际劳工组织跨国公司和社会政策原则》要求企业给发展中国家员工提供尽可能好的工资、福利以及工作环境。这些原则同样敦促政府和跨国公司尊重集体谈判权利并共同致力于打造安全的工作环境。

　　■《经合组织跨国公司准则》在 2011 年被 42 个国家引用。除了强调公平的劳工实践，这些准则同样鼓励企业生产可持续性产品，并在其供应链中改善环境状况。

　　■《联合国商业和人权指导原则》强调企业有责任直接或通过供应商等合作伙伴去识别、减少、纠正、阻止与其经营实践直接相关的虐待或侮辱现象。

　　■《联合国负责任投资原则》鼓励投资者将环境、社会和治理等需要考虑的因素纳入投资决策，同时向其投资实体寻求可持续性相关的信息披露。

　　■有关气候变化的《巴黎协定》，包括强制性和非强制性条款，呼吁政府直接引导"资金流"流向并采取行动以减少温室气体排放和减缓气候变化。

私人标准主要是为了应对全球化而出现的。随着生产在全球范围内越来越碎片化，标准化不可或缺。最初，私人标准关注产品的兼容性和质量，在这方面 ISO 做了大量工作。近年来，ISO 开始解决可持续性问题。2010 年发布的 ISO 26000 标准就对企业行为中的社会责任提供了指引，鼓励企业保障人权、尊重环境以及执行良好的劳工实践。此外，大部分全球价值链领导企业有自己的私人供应商可持续性标准。

公民社会组织发起了涵盖多方利益相关者的倡议，例如在国际贸易中增加透明性的公平贸易（Fairtrade）倡议，为符合已获认可的、包括优厚的工资在内的可持续性标准，以及遵守可持续的环境实践的产品贴标。此类自愿标准对可持续性实践进行了定义，并通过证明或第三方认证的方式对参与的生产商和公司进行审计。自愿可持续性标准起作用的前提是，任何或所有参与者均应该采用该项标准。它们通常涉及整个市场，并跨越了国家界限。[52]但标准的大量涌现也带来了很多挑战。各种标准方案竞逐市场份额，不但降低了标准的兼容性，而且可能削弱可持续性要求。各种标准间缺乏一致性也给中小企业带来了成本压力，如果中小企业想要将产品卖给不止一个购买方，可能必须满足多个不同的认证要求。[53]

很多参与自愿可持续性标准的跨国公司通过诸如全球报告倡议组织（GRI）等平台发布报告。GRI 帮助公司确认和披露有关对环境影响、工人、腐败以及其他可持续性事项的信息。发布这样的报告有助于提升公司形象。但公司同样认为可持续性报告可为其经营带来切实帮助，有助于减少不确定性和降低供应链中断的概率。对 GRI 数据的初步研究发现，在生产消费耐用品的跨国公司中，2/3 的公司参与了自愿可持续性报告。这一比例在纺织品、服装、采矿及能源等领域的跨国公司中下降到了 50% 左右。[54]

1.3.2 公众压力、不断增加的需求及商业考量推动企业解决可持续性问题

随着媒体、公民社会、投资者以及公众强烈要求改革以及寻求以可持续方式生产产品，可持续性成为了一个与日俱增的商业考量。

全球价值链中的滥用现象凸显了可持续性标准的重要性，且这种重要性经久不衰。与全球价值链相关联的公司存在违背最低工资标准和雇用童工的情况，其工人

被强制性加班并受到性骚扰。这些公司同样被认为应该对环境退化和污染负责。有些公司将员工暴露在有害物质中，还在环境敏感的地区倾倒危险废物。[55]企业温室气体也基本上集中在价值链中，而不是在企业总部。[56]

最近几起备受关注的悲剧激发了改革全球价值链的呼声。2013年4月，位于达卡的RanaPlaza工厂建筑物倒塌导致了1 136名工人死亡和更多的工人受伤。在ILO和IFC的支持下，孟加拉国政府后续加强了安全检查，并关闭了几十家工厂。孟加拉国也提高了最低工资标准，并且放松了对注册贸易联盟的限制。ILO仍继续呼吁进一步加强监管，以鼓励集体谈判。[57]

2014年，德国联邦经济合作与发展部（BMZ）发起了"纺织业可持续合作伙伴"，致力于通过鼓励行业、零售商、贸易联盟和公民社会开展合作来改善供应链。这个多利益相关者倡议大约有150个成员，除了德国政府部门、非政府组织、贸易联盟和标准组织外，很多成员来自公司和协会，这些公司和协会创造了德国纺织行业大约一半的零售额。2017年第一季度，"纺织业可持续合作伙伴"取得了第一次重大成功，成员们基于共同定义的指标提交了其对自身可持续性努力的详细分析报告，并承诺执行各自的2017年可持续性标准和目标。一家独立的第三方机构审核了这一"路线图"。

自愿可持续性标准在新兴经济体中也越来越普遍。2010年到2015年间，在包括巴西、哥伦比亚、印度、肯尼亚和南非在内的非经合组织经济体中，所采用的新自愿可持续性标准占全部标准的1/3强。一个有代表性的国家大约有33条可持续性相关标准，欧盟的数量最多，达到了106条之多。[58]

可持续标准的普及与消费者对可持续性产品的强烈需求在时间上契合。尼尔森公司（Nielsen）在对60个国家开展的调查中发现，55%的网购者愿意对环境敏感型公司提供的产品和服务支付更多的钱。年轻人看起来尤其注重可持续性。在亚太地区和中东/非洲地区，千禧世代出生的人支持可持续性产品的可能性是老年人的3倍多。[59]不过，这些反应是假设性的，可能不能完全反映消费习惯，在较高的价位上尤其如此。

随着公民社会和媒体引导公众意见，强烈要求对全球价值链进行改革，可持续性变成了企业更为优先的事项。在2000年早期，一些调查组强烈批评可口可乐公司使用了萨尔瓦多童工生产的食糖。可口可乐的应对方式是出台了一套指导性原则来减少虐待，并确保其供应链是可持续的。萨尔瓦多政府同样出台了根除童工的法律，童工减少了70%。[60]最近，《华盛顿邮报》报道，刚果民主共和国钴矿使用童工并污染了河流。因此，苹果公司宣称将停止从该国矿山购进原料，直到它确认这个国家的矿业符合苹果公司的自有标准为止。[61]

除了来自媒体和公民社会的压力，公司也需要应对股东支持可持续实践不断增长的积极性。尽管有来自管理层的反对，埃克森美孚公司60%以上的股东最近投票要求公司报告国际协定对减少温室气体的财务影响。哈佛商学院的一项研究表明，股东有关解决环境、社会和治理事项的提议在1999年到2013年间翻了一番。目前大约40%的股东提议与这些事项有关。在同一时间，支持可持续性提议的股东投票份额增长至21%，为原来的3倍。总体来说，作者发现股东提议通常与公司更好的可持续性业绩相关。[62]

越来越多的证据表明，可持续性是一项富有智慧的商业实践。新的研究表明，即使控制了诸如研发投资、广告费和资本支出等企业成本，具有较高可持续性投资企业的股票回报率也更高。[63]另一项独立的研究比较了自愿披露其碳排放量的企业和不披露的企业之间的财务表现。披露的企业市值的中位数约超过23亿美元，同时每增加1 000吨碳排放企业价值平均减少212 000美元。[64]

企业业绩和可持续性间的正向关联是管理人员逐渐将可持续性视为核心商业考虑的一个原因。麦肯锡公司一项调查发现，视可持续性为重要优先事项的CEO占比在2012年到2014年间翻了一番。同时，大约有1/3的CEO将可持续性列为其优先考虑的三个事项之一。[65]对CEO的一项独立调查发现，91%以上的CEO认可这一看法，即确保其供应链诚信非常重要。[66]

全球价值链中的管理层越来越期望其供应商满足可持续性标准。对亚洲、欧洲和北美公司的500个供应链专家的调查发现，有2/3的专家认为可持续性在未来的供应链中将发挥更加重要的作用。有些公司声称已经开始投资相关技术以减少温室气体排放，且已断绝了与不满足严格可持续性标准的供应链伙伴的合作关系。在认为可持续性很重要的公司中，超过80%的公司赞同与其合作伙伴协作，共同创造负责任的供应链。出于以下原因，这些企业领导人决定对供应链可持续性投资：

■ 降低损害环境和社会的风险

■ 提高公司声誉和满足股东期望

■ 提高生产率和利润率

■ 提高公司品牌价值[67]

作为世界经济论坛和世界银行集团关于可持续性商业联合项目的一部分，世界银行集团正着手研究全球价值链领导企业如何看待价值链可持续性升级这一问题。来自撒哈拉以南非洲的初步发现表明，全球价值链领导企业认为可持续性改善有利于提高效率、产品质量、竞争力以及更好满足消费者诉求。但可持续性实践因企业而异。全球价值链领导企业更有可能支持拥有较大消费市场或"冲突"商品的可持续性升级。在这些国家，企业关注教育的提升、体面的工作、妇女同酬和可持续性农业等问题。在市场较小的国家，以及有争议的商品较少的国家，企业较少进行可持续性升级。在这些情况下，参与阻止气候变化或提高工资水平倡议的企业特别少。[68]

就参与社会责任项目公司比例的不断提高而言，可持续性的重要性也很明显。毕马威公司对45个国家最大100家公司社会责任报告情况进行的例行调查表明，2005年，有41%的公司发布了公司社会责任报告，10年后，这一比例提升至73%。在250个全球最大企业中，这一比例更是高达92%。新兴国家的公司走在前列：印度、印度尼西亚、马来西亚和南非企业的报告发布比例全球最高，这些国家对发布报告有强制性要求。从地区来看，公司社会责任报告在亚太地区最为普遍，其次是美洲和欧洲。[69]

全球价值链领导企业面临的挑战体现在，要鼓励小公司改进其标准或向其提供升级所需的金融资源。这在环境和用工规章制度不完备的国家尤甚，这些国家的小企业由于缺乏法律强制要求，因而进行可持续性升级的可能性较低。可持续性标准通常意味着对新的生产设施进行较大的前期投资。但这还不是一次性花费：长期内要维持更高标准，企业需持续付出成本，比如要维护新的机器等。对满足标准进行记录也需要投资。下一部分讨论投资者、借款人和购买方所提供的，帮助小企业获得用来提高用工和环境标准所需资金的支持性项目、融资模式和激励措施。

第2部分　可持续全球价值链中的中小企业融资模式

2.1　调查反馈及发现概览

尽管企业表示赞同可持续性，但只有较少的企业给其供应商提供改进社会和环境标准所需的金融支持。

第1部分表明，缺少融资阻止了中小企业升级其可持续性标准和加入全球价值链。但现在公共和私人部门的一些机构已经开始提供这样的融资支持。为了评估现有的融资方案，世界银行集团和G20主席国德国发起了一个面向政府、企业、金融机构和IT平台的线上调查。我们也挑选了部分受访机构进行后续跟踪访谈。附录A提供了1份调查问卷。我们收到了将近70份调查反馈，大部分来自G20高收入国家和新兴国家的企业和金融机构。

当被问及是否向满足可持续性标准的供应商提供资金支持或者激励措施时，超过2/3的企业和金融机构给予了肯定回答。这反映了私人部门越来越关注可持续性。但是，必须谨慎看待这个结果。只有少数给予肯定回答的受访者提供了支持其回答的信息。回答通常包含了模糊的企业社会责任承诺，且缺少有关支持其可持续性的融资或激励措施的细节。

如果金融机构的受访者对"是否向满足可持续性标准的供应商提供融资支持或者激励措施"给予肯定回答，他们将被进一步询问是否将资金成本或利率与可持续实践挂钩，大部分的回答是"否"。类似地，对该问题——"是否向满足可持续性标准的供应商提供融资支持或者激励措施"——给予肯定回答的企业，也将被进一步询问是否提供了基于合同的激励措施以支持可持续性标准改进，10个企业中只有4个给予了肯定回答。

尽管我们的调查不是随机的或有代表性的，我们的发现印证了有关"企业可持续性承诺可能流于表面"这一批评。跨国公司活动带来的大部分社会和环境威胁集中于供应链。因此，给供应商提供资金支持或其他激励措施是全球价值链领导企业对可持续性问题施加影响的最有效方式之一。第2部分的剩余内容介绍了公共和私人机构构建可持续供应链模式的具体细节。

2.2 政府和国际开发性金融机构

政府可通过制定政策、利用开发性金融机构提供可负担的融资，以及帮助商业银行降低中小企业贷款风险的方式，帮助中小企业融入可持续全球价值链。

有比以往更多的全球主要企业采用了自己的可持续性标准。但供应链中持续存在的滥用现象表明，自愿解决方案可能是不够的。政府（包括监管机构）和国际开发性金融机构正在制定政策和推出指导原则，以遏制这种滥用现象，鼓励全球价值链领导企业更积极管理供应链可持续性。它们同时也提供金融和技术支持来帮助中小企业升级其可持续性实践。

2.2.1 规则和监管

国家监管部门，包括银行业监管机构通过对发放给采矿业、制造业和农业等高风险行业的贷款设立最低标准来鼓励可持续性改善。贷款要求一定程度的标准化，可以使贷款过程更为明晰，有利于在国家层面促进制度完善。与此同时，它可以让银行对借款人的经营方式更加负责。

■ 巴西使用了多种方法监管供应链中的滥用行为。根据修订后的森林法规，到2017年未能将其财产在国家反森林滥伐登记处登记的土地所有者，将无法从金融机构获得信贷。这也是中央银行监管的重要事项，巴西央行要求亚马孙地区的农业生产者只有满足环保标准才有资格获得融资。2014年，一项中央银行发布的专门监管规则要求金融机构识别、跟踪和减轻其运营产生的社会经济风险。[70]

2.2.2 支持中小企业贷款的信贷额度

鉴于中小企业对新兴经济体的重要性，支持中小企业发展是国际开发机构的重要优先事项。新兴国家的银行不愿意借款给中小企业，因为中小企业往往缺乏判断信用状况的信息，例如账户、抵押品和信用记录等。此外，中小企业一般办理小额贷款。

除了极少例外情况，国际开发组织通常不直接贷款给中小企业。相反，这些机构给新兴国家的银行提供贷款。这些国家的银行继而向中小企业提供信贷，后者从而可以投资于生产设备和流程的升级，使生产符合可持续性标准的要求。开发性金融机构通常要求，银行只有满足公认的国际可持续性标准，才有资格获取资金支持。《国际金融公司绩效标准》就是这样的基准，该标准要求银行识别、减少客户生产运营中的环境和社会风险。这些要求包括防止污染、尊重生物多样性、提高能效，以及提供好的工作条件。

■ 法国已经采取了这种做法。法国开发署（AFD）支持《国际金融公司绩效标准》，以及诸如 OECD 跨国公司指导原则和 ILO 的劳工规则等其他国际基准。2014年，AFD 为土耳其的 Odeabank 提供了 2 000 万欧元的信贷额度，以便它能为土耳其中型企业投资清洁能源和提高能源效率提供资金。[71]

◆ 德国投资与开发有限公司（DEG）是一家开发性金融机构，通过金融机构和基金向中小企业提供融资。所有 DEG 的客户根据合同都有义务安装环境和社会管理系统（ESMS）来管理其投资组合。DEG 跟踪执行情况，并通过一个有针对性的技术援助项目提供支持。使用 DEG 投资组合的用户有很多，其中之一是 Banco Promerica，这是一家萨尔瓦多的银行。DEG 要求该银行正式使用 ESMS，并对该银行使用 ESMS 予以积极支持。作为该系统的一部分，Banco Promerica 需要指派员工来监控银行投资组合的可持续性。根据要求，该银行有义务拒绝为破坏社会和环境的项目（例如那些使用童工的项目）融资。从经济角度看，这个新系统有助于减少逾期的贷款偿付，银行及其客户也能从额外的资源更好地获得可负担的贷款。Banco Promerica 现在正支持其他两家银行使用 ESMS。这个案例研究是 DEG 更广泛的评估的一部分。[72]

土耳其产业发展银行使用自己的评估系统来评估其贷款对社会和环境的影响。它例行监测公司遵守可持续性要求的情况，并列举了一系列它拒绝承保的业务，比如雨林的伐木作业、军火贸易以及任何涉及强迫劳动的经济活动。通过与 IFC 合作，这家银行向提高能源效率和遏制污染的项目提供了资金支持。[73]

■ 通过可持续能源融资项目，IFC 向银行提供信贷和技术援助，以促进对清洁能源的投资。IFC 向秘鲁的 BBVA 银行提供资金，支持该银行向对节能和水电项目感兴趣的中小企业提供贷款。

2.2.3 直接贷款

少数国际开发性金融机构直接向中小企业提供贷款。其中一些贷款用于支持中小企业改善其可持续性业绩和加入全球价值链。但是，给中小企业的直接贷款只占国际开发贷款的一小部分。

■ 在过去的10年里，泛美投资公司（IIC）给中小企业提供了大约2.19亿美元的直接融资。它的FINPYME贷款项目提供的贷款金额从10万到60万美元不等，其中固定利率中位数为7.6%，期限为3~7年。这些贷款可以用来满足短期需求以及长期设备投资需求。该项目鼓励包括制造业和农业在内的各个行业的中小企业申请贷款，但会优先考虑对环境没有负面影响的公司。IIC还向中小企业提供技术援助，帮助其提高能源效率和获得标准认证。为了更好地满足中小企业需要，一些贷款是免抵押的。最近的一项影响评估发现，大多数FINPYME信贷项目的受益人称这些贷款帮助其从新的渠道获得了贷款，而且利率比以前的贷款更优惠。大多数受益者也声称销售额实现了增加。然而，影响评估报告也指出，这并不一定是FINPYME项目带来的积极影响。评估也发现，对IIC来说，对中小企业的直接借贷并不具有财务上的可持续性，因为从贷款中获得的收益不足以覆盖贷款成本。[74]

IIC给中小企业提供直接融资，用以满足短期需求以及长期设备投资需求。IIC会优先考虑对环境没有负面影响的公司，它也向中小企业提供技术援助，帮助其提高能源效率和获得标准认证。

非洲农业贸易投资基金（AATIF）为合作社、商业性农场和加工公司提供直接融资，其目标是帮助非洲农民增加收入、就业、粮食安全，并融入价值链。贷款对中小企业来说额度较高，通常从500万到1 500万美元不等，期限可达12年。为了获得融资资格，借款人须遵守AATIF的社会和环境准则，该准则禁止强迫性劳动，禁止对环境敏感型森林进行商业采伐，还禁止会导致非自愿搬迁的项目。AATIF得到了德国KfW和BMZ等国际开发机构的支持。国际劳工组织在发放贷款前后，都监测了AATIF融资项目对劳工标准的遵守情况。

"更好工作计划"是国际机构间开展合作，通过融资和技术援助组合这种方式来改善全球价值链可持续性的又一例子。（见专栏2-1）

専栏2-1 更好工作计划：在全球服装价值链中建立可持续性

国际劳工组织和国际金融公司"更好工作计划"致力于提高全球服装业的工作条件和竞争力。目前，"更好工作计划"在孟加拉国、柬埔寨、海地、印度尼西亚、约旦、尼加拉瓜和越南的近1 500家工厂实施，这些工厂雇用了近200万名工人。国际劳工组织就如何尊重劳工权利向工厂提供建议，而国际金融公司则提供直接贷款和供应链融资，以帮助工厂购买更安全、更节能的设备。具有良好社会和环境指标的工厂将享有更好的融资条件。

塔夫斯大学的一项研究发现，该项目大大改善了工厂员工的工作环境。工人们说，在工厂参加"更好工作计划"后，他们的工资更高，而且被上司训斥或辱骂的情形也少了。因此，工人们能更好地养家。"更好工作计划"在印度尼西亚实施的第一年，10个员工中大约有4个向亲戚汇款。这一数据在第三年几乎翻了一倍。该计划通过推动更平等的薪酬和更少的骚扰，为女性带来了明显的好处。在约旦，有关性骚扰的报道下降了近1/5。

工人并非唯一的受益者。员工士气的提升，提高了工厂的生产率，增加了利润。在越南，参与"更好工作计划"的工厂在项目实施期间劳动生产率提高了22%，工人们比项目实施前提前1小时18分钟完成了生产目标。在印度尼西亚，"更好工作计划"项目通过对女性主管进行培训，将劳动生产率提高了1/5强。

参与企业也改善了它们在全球服装价值链中的地位。所有国家的工厂经理都表示，加入"更好工作计划"有助于他们从购买商那里获得金额更大的订单。在满足"更好工作计划"的可持续性标准的同时，公司的声誉也得到了提高。越南的工厂表示，在接受了建设性的"更好工作计划"的合规评估后，它们面对其他客户核查的可能性降低了。[75]

国际劳工组织和国际金融公司希望在这些成功的基础上继续努力。在接下来的五年里，他们计划在新的国家里开设"更好工作计划"办公室，并为数百万工人提供服务。

2.2.4 风险缓释服务

第1部分指出，商业银行倾向于将中小企业视为高风险客户。开发性金融机构利用各种工具降低银行中小企业贷款的风险，从而增加了中小企业的信贷可得性。

■ 法国巴黎银行（BNP Paribas）2014年与非洲开发银行（AfDB）签署了一份50-50风险分担协议。根据该协议，法国巴黎银行和非洲开发银行利用其优质的信贷，向农业企业和制造商提供了价值5亿欧元的贸易融资。计划中的主要受益者是中小企业和非洲本土公司。[76]

■ 贷款担保是鼓励向私人部门提供中小企业贷款的一种方法。例如，商业银行常常不愿为中小企业提供可持续能源投资所需的资金。它们缺乏跨地区或部门评估气候变化风险的知识。私人贷款机构也认为，用于能源效率升级的设备几乎没有抵押价值。政府支持的担保可以降低银行风险，从而在这些情况下促进放贷。[77]自2006年以来，国际金融公司为中国的节能贷款提供了银行担保和技术援助。CHUEE 中小企业风险分担计划帮助中国的商业银行发放了超过6.25亿美元贷款，并建立了1 700多亿美元的绿色投资组合。公私部门合作协议也可以促进信贷的提供。

■ 国际开发协会（IDA）是向世界银行提供资金的机构，也是与世界上最贫穷国家合作的机构。国际开发协会最近启动了一个总额达25亿美元的面向私人部门的窗口，其中包括一个指定的中小企业担保便利。其目标之一便是将混合融资（来自私人部门和慈善机构的资金）提供给农业供应链上受到信贷约束的中小企业。这个新的面向私人部门的窗口支持的一个项目是全球农业和粮食安全计划，该项目由国际贷款机构设立，以履行G20有关改善粮食安全的承诺。该项目总额达3.08亿美元，向受到粮食不安全威胁国家的农业供应商提供贷款、风险分担措施、部分信用担保、股权及其他服务。[78]

2.3 投资者和贷款人

投资基金和商业银行已经开始为符合可持续性标准的企业提供更好的融资条件。

2.3.1 投资基金：直接贷款和股权投资

可持续性导向投资基金大量出现，反映了公众对可持续性的兴趣日益增长。这些基金汇集了许多人的资金，因此他们可以从集体投资中受益，包括更好的条款和更高的潜在回报率。投资经理管理资金并根据集体目标进行投资。例如，有环保意识的投资者可能会寻找一个支持清洁能源技术的投资基金。一些投资公司贷款给中小企业。其他公司则提供股权（为获取未来利润的一定份额而预先提供的资金），包括为带动在可持续生产领域的初始投资而进行的早期融资。

投资者越来越希望公司披露与其面临的社会和环境风险相关的信息。管理了5.4万亿美元的全球最大的资产管理公司贝莱德（BlackRock）宣布，将对企业施加压力，要求其披露气候变化对业务造成的影响。[79]使这些信息公开透明将有助于其他投资者作出明智的选择。媒体报道称，贝莱德和其他主要基金管理机构——包括先锋（Vanguard）和道富（State Street）银行——与纽约和加利福尼亚的州养老基金一起，共同投票支持埃克森美孚的股东决议，要求加大与气候有关的风险的披露。[80]

二十国集团金融稳定理事会（Financial Stability Board）发布了一份报告，该报告制定了气候与相关的风险和机遇的财务披露准则。市场上投资者推动提高透明度的不懈努力紧随其后。金融稳定理事会发布的报告警告说，能源消费的突然变化，或旨在遏制气候变化的新法规的出现，可能会产生重大的商业影响。极端天气也会影响商业运作。尽管许多国家的法规已经要求对气候风险进行一定程度的披露，但提高透明度将有利于推动可持续性。如果企业披露其有关气候变化脆弱性的信息，投资者就更容易找到绿色投资机会。披露有关气候的信息，也将给企业施加财务压力，促使其减少对环境的负面影响。[81]

在地区层面，欧盟委员会任命了一个高级专家小组，负责制定一项促进可持续融资的欧盟战略。该小组由来自学术界、民间社会和金融部门的专家组成，被赋予提出方法或途径的职责，包括促进资本流向可持续投资领域、抵御环境风险以维护金融稳定、推动在欧盟实施可持续金融政策等。[82]尽管该小组的最终报告在2017年12月之前不会予以公布，但早期的建议已被披露，包括加强可持续性报告要求，以及强化监管机构在评估可持续性相关风险方面的作用。[83]

对可持续投资日益增长的热情为领导企业和中小企业提供了机遇。本节回顾了一些不同类型的投资基金，它们提供融资，推动提高全球价值链环境标准和社会标准。

■ 私人投资基金聚集了一小群非常富有的投资者。作为一个私人投资基金，瑞士的 responsAbility 投资成为了为低收入人群经营的企业提供资金的范例。该公司管理着来自约 2 000 名投资者价值超过 30 亿美元的资产，也投资于参与全球价值链的中小企业。在农业价值链中，responsAbility 支持那些提供体面的工资和工作条件，以及使用环境友好型耕作方式的生产者组织或加工公司。responsAbility 也向金融机构提供资金，以支持其向中小企业发放提高能源利用效率的项目贷款。通过债务融资、股权投资和技术援助的组合，responsAbility 还支持那些希望通过减少温室气体排放来降低对气候变化影响的小企业的发展。[84]

■ 机构投资者从许许多多人那里募集资金。例如，养老基金利用特定公司或机构员工的退休储蓄进行投资。基金会是另一个例子。机构投资者对具有可持续性的企业越来越看重。穆迪称，向支持《联合国负责任投资原则》的企业的投资在激增。截至 2016 年 4 月，这些公司管理着 62 万亿美元的资产——大约是 2010 年市场份额的 3 倍。[85]美国加州的公共雇员养老基金是以可持续性为导向的机构投资者的一个范例（见专栏 2-2）。

专栏 2-2　加州投资于减少碳排放

美国投资者正将更多资金投向具有社会责任感的企业和基金，后者试图产生诸如（包括借助企业供应链）减缓气候变化等积极社会影响。2014 年至 2016 年间，对可持续、负责任和有影响力的投资项目的投资增加了约 1/3，达到 8.72 万亿美元。[86]总金额超过 2 000 亿美元的加州教师养老基金，最近向一个指数基金投资了 25 亿美元，该指数基金的指数由温室气体排放较少的企业所构成。[87]

■ 非营利组织运营着投资基金，为可以产生积极社会影响但信贷匮乏的企业（如公平交易生产者和有机种植合作社）提供低成本融资。与私人投资基金相比，非营利组织管理的投资基金的运营风格往往不那么激进。尽管非营利基金通常对贷款收取利息，但它们的利率应该比商业银行收取的贷款利率低得多，而且它们通常与得不到传统银行系统服务的人合作。非营利组织还帮助大公司发放资金，以改善大公司价值链的可持续性实践。Root Capital 是这方面的一个案例（见专栏 2-3）。

专栏2-3　Root Capital：支持全球价值链中的小农场主

　　Root Capital是美国一家社会投资基金。自1999年以来，它主要向撒哈拉以南非洲新兴经济体和拉丁美洲新兴经济体的农业中小企业提供信贷和财务管理培训。作为一个非营利组织，Root Capital依靠捐赠者的支持来覆盖成本。该集团得到了国际机构的支持，包括美国海外私人投资公司（OPIC）和德国复兴信贷银行（KfW）。跟其他小型企业一样，Root Capital的客户往往无法从商业银行获得信贷。

　　这个非营利组织提供的贷款金额从5万到200万美元不等，短期贷款期限在一年以下。企业通常将贷款作为营运资金，用于从农民手中购买农产品。Root Capital还提供长达5年的长期贷款。借款人利用这些贷款投资于更好的设备和基础设施。2016年，Root Capital为全球288家企业提供了1.175亿美元贷款。

　　在贷款前，Root Capital会根据一套劳工和环境标准对申请人进行筛选。它的许多客户专门从事公平贸易和有机生产。Root Capital使用一套计分卡，将申请者的可持续性表现与行业和地区的通行规范进行比较。如果申请人给雇员提供具有竞争力的工资及良好的福利，有女性进入管理层，以及使用有机产品和清洁能源，这些企业将更有可能获得贷款。Root Capital还提供咨询服务，帮助不符合要求的申请者升级其运营方式。

　　Root Capital的服务有助于中小企业融入可持续全球价值链。它的借款人服务于全球120多个主要购买方，包括星巴克（Starbucks）、全食超市（Whole Foods）和通用磨坊（General Mills）。这些公司还与Root Capital合作，为改善其价值链的可持续性提供资金支持。例如，星巴克通过Root Capital发放贷款，帮助种植咖啡的农民适应气候变化。Root Capital对这些贷款收取10%的利息，并将其投资额的1%~3%返还给星巴克。[88]

2.3.2　商业借贷者：直接贷款

　　近年来，少数商业银行开始向可持续性业绩良好的企业提供低利率贷款。在监管机构和公众的压力下，同时也考虑到盈利能力与可持续性之间具有关联性的证据日益增多，商业银行也将可持续性纳入其贷款决策之中。

　　■ 巴西的一家商业银行（Banco Votorantim）为保持较高的社会和环境标准

的客户提供更好的融资条件。通过自己的程序，Banco Votorantim 根据借款人的环境和劳工方面的状况对其进行评级。它通过每年一次更新借款人的信用额度来监控其可持续性表现。评级较高的借款人有资格享受较低的利率和较高的信用额度。银行还在一些被禁止活动发生的情形下保留对借款人暂停发放贷款的权利，这些活动包括：无视约定标准，参与奴役劳工，以及破坏环境等。

■ 斯里兰卡锡兰商业银行（Commercial Bank of Ceylon）最近推出了价值16.5万美元的"绿色发展贷款"。这些贷款以中小企业为目标，贷款利率低于市场利率，还款期长达7年，且有1年的宽限期。符合条件的申请人包括设法将能源消耗至少降低10%的中小企业，以及为实现环保达标而承担费用的中小企业。

2.3.3　可持续股票市场指数

尊重劳工权利和环境的公司有更多的机会通过股市筹集资金。越来越多的股票交易所提供可持续性指数，在社会、环境和治理指标上表现好的公司将被纳入其中。这些指数让具有社会意识的投资者了解一家公司的可持续性业绩。通过将公司的价值与其可持续性业绩联系起来，这些指数还为企业提供了强烈的动机，促使它们采用具有社会责任感的商业实践。更高的股价可以鼓励跨国公司将提高可持续性标准的要求贯穿其供应链始终。在全球范围内，有58家股票交易所（总市值超过55万亿美元）公开承诺促进可持续性改善。[89]

约翰内斯堡证券交易所在2004年推出了可持续性指数，也是全球首批推出的指数之一。其他新兴经济体紧随其后。在国际金融公司的支持下，圣保罗证券交易所于2005年首次推出了其公司可持续性指数。交易所根据公司对劳工权利和环境标准的承诺，选定入选公司。有关社会和环境影响的透明度也被考虑在内。违反可持续性标准的公司会被剔除出指数。[90] 截至2016年，该指数已包含80家公司。

2014年，伊斯坦布尔证券交易所与伦敦伦理投资研究服务有限公司（EIRIS）合作建立了可持续发展指数。EIRIS是一家位于伦敦的为投资者和企业提供环境、社会和治理研究的企业。EIRIS依据可持续性标准，从大批在伊斯坦布尔交易所上市的大型公司中筛选出表现最好的公司，将其纳入可持续性指数。标准包括对环境、健康和安全标准的尊重，以及负责任的供应链管理。例如，EIRIS调查公司是否要求其供应商满足国际劳工组织关于集体谈判权以及禁止使用童工或禁止强制劳动的标准。如果企业有减少对气候变化影响的具体政策，就会获得更高的分数。[91]
截至2017年，该指数包括42家符合条件的公司。

为了给发展项目筹集资金，世界银行最近发行了与联合国可持续发展公司指数中公司股票表现相挂钩的债券，入选该指数的公司都有助于实现联合国可持续发展目标。指数由50家公司组成，这些公司至少有1/5的活动用于生产可持续产品，或被视为各自行业的可持续性领导者。指数方法由Vigeo Eiris公司旗下的Equitics评级服务机构设计。这批债券于2017年春季发行，从法国和意大利的机构投资者那里筹集了1.63亿欧元。

2.4 企业和购买方

中小企业可以通过大型全球购买方和致力于倡导改善供应链的公民社会团体获得可持续性升级所需的融资。

2.4.1 营运资金模式

营运资金是旨在帮助企业满足日常开支的短期融资。当供应商向全球价值链领导企业发出付款请求时，它们通常需要等待30天到90天才能得到货款。长时间的等待使供应商的业务运营不堪重负并阻碍了长期投资。小一些的供应商因缺乏抵押物及信用记录，无法从商业银行获得可负担的营运资金。但供应商也可利用与全球主要企业（如大型时装零售商）的关系，获得营运资金。金融科技的兴起使这一过程比以前更快、更容易。尽管营运资金并非用于长期可持续性投资，但它能激励供应商改进其标准。

■ 供应链融资是供应商获取营运资金的有用工具。在这种安排下，供应商为领导企业发出的订单供货或提供服务，并将未支付款项记录为"应收账款"。然后，供应商将其应收账款以折扣价出售给第三方银行或金融机构，也被称为"保理商"（factor），保理商则立即支付给供应商现金，通常是应收账款的价值减去利息和服务费。在向供应商付款后，该保理商将从全球购买方那里回收订单的全部应收账款。[92]

■ 在传统保理安排中，供应商公布自己的应收账款，开始发起交易。在供应链融资中，一个重要的区别是应收账款由买方公布，这减少了欺诈风险。另一个不同之处在于，供应链保理商只从高质量买家那里购买应收账款，比如全球价值链领导企业。这意味着该保理商只需要评估少数大公司的信用风险，而不是供应商的完整的购买方关系组合（portfolio of buyer relationships）。供应链金融是一项重要业务。据一项估计，全球有2万亿美元的可融资的高度安全的应付账款，潜在的收入池为200亿美元。从2010年到2015年，收入每年增长20%。[93]

■ 对于那些作为全球大购买方供应商的中小企业来说，供应链金融很重要：这些供应商往往现金紧缺，因为它们通常要等上90天才能得到款项。这些安排允许较小的供应商获得营运资金——即使它们缺乏抵押品或信用记录。供应链金融不是一种贷款，供应商的资产负债表上没有额外的负债。此外，供应商还受益于全球购买方的强大信誉。

■ 供应链金融交易可能较难执行，因为它们涉及复杂的合同和大量的文书工作。但金融科技可简化这一过程，一些交易通过基于软件的平台几乎可以即时得到处理。金融科技供应链保理商Tungsten报道，该公司80%的客户是中小企业，[94]金融科技目前在全球供应链金融市场的份额高达15%。[95]随着时间推移和金融科技公司积累更多的供应商历史支付数据，供应商逐渐具备条件，可以获得更优的融资条款。[96]

■ 全球主要购买方已开始向其供应商提供更好的供应链融资条款，以期满足更高的可持续性标准。德国鞋类和服装制造商彪马公司（Puma）最近与法国巴黎银行（BNP Paribas）和金融科技公司GT Nexus达成了这样的协议。如果供应商在彪马公司的社会和环境审计中获得高分，就可以为它们预开更多的发票。有证据表明，这些激励可以鼓励供应商改进其可持续性标准（见专栏2-4）。

专栏2-4　巴基斯坦致力于更高可持续性的供应链融资

美国服装公司李维斯公司（Levi Strauss & Co.）借助国际金融公司（IFC）的全球贸易供应商融资计划，推动其面向部分供应商开展的供应链融资业务。李维斯公司制定了环境、劳工、健康和安全等标准，并依据供应商在这些方面的表现为它们提供更低的利率，从而为供应商升级其可持续性实践提供更强激励。美国服装与纺织品公司（US Apparel & Textiles）是一家位于巴基斯坦的供应商，于2015

年1月加入了IFC的全球贸易供应商融资计划。美国服装与纺织品公司对其工厂进行投资以便获得更好的融资，如斥资95万美元建造了一座新的污水处理厂，以减少运营中的污染。该公司还安装了太阳能电池板，这样就可以在不使用非清洁化石燃料的情况下为工厂供电。工人们接受了安全工作环境操作培训，以降低健康风险。由于这些和其他类似的活动，该公司每年减少了4万美元的融资费用。总的来说，美国服装与纺织品公司获得营运资金的成本每年减少了10%，而且该公司获得货款的时间平均比以前提前了55天。[97]

■ 除融资外，一些全球购买方还提供技术援助，帮助供应商达到劳工和环境标准。在企业和国家间共存多套互有重叠标准体系，增加了中小企业满足标准的成本。购买方的技术援助可以减轻这个负担。

◆ 宜家的行动原则要求，供应商须就其控制环境影响所做努力提交一份年度报告。所有工人必须得到最低工资以上的待遇，并享有意外保险。[98]违反这些标准会带来严重后果。2007年，由于产品质量或可持续性不达标，宜家取消了与50多家供应商的合同。这家瑞典家具制造商提供技术和经济援助，帮助供应商满足它们的标准。例如，宜家在设计和建造节能工厂方面提供帮助，还就选择合适的设备和机器提出建议。宜家还促进供应商之间的知识共享，并邀请供应商参观宜家自己的生产设施。此外，宜家还为供应商改善工厂等资本投资提供优惠贷款。宜家还提供预付款，使供应商得以购买生产订单所需的原材料。在2008年，宜家在中国的生产有10%~15%得到了这些融资工具的支持。[99]

◆ 智宝（Tchibo）公司是一家德国批发零售商。除咖啡外，该公司还销售各种各样的非食品消费品。智宝与其最重要的供应商签订了合同，包括开展长期合作以及达成满足标准和实现可持续性的安排。公司对工厂进行初步审计，以确保供应商符合最低的社会和环境要求。为了进一步发展常备工厂，智宝对10个国家的供应商开展培训项目，意欲推动工人和经理之间及供应商和购买方之间的对话。不同利益相关方之间的适度对话，能够推动旨在解决人权和环境问题（如体面的工作条件及工人赋权）的改革–管理进程。培训还包括与质量和效率有关的问题。[100]

2.4.2 通过可持续性平台获得定期贷款和技术援助

供应商可以通过可持续性平台获得融资——例如那些重点关注改善某些大宗商品价值链的非政府组织，包括美国环境保护基金会（Environmental Defense Fund）和公平贸易国际（Fairtrade International）。国际开发性机构向其中一些平台提供资金，帮助贫困农民支付升级其在满足平台标准方面的开支。可持续发展平台经常将融资与技术援助结合起来，使供应商得以改进其商业运营。有证据表明，新兴国家的公司缺乏技术。[101]然而，培训可以带来更好的绩效。例如，研究人员与一家全球咨询公司合作，研究管理建议是否会对印度的制造业公司产生影响。大多数参与试验的企业约有270名员工，年销售额约为750万美元。接受了4个月咨询服务的企业质量缺陷降低了50%，生产率提高了16%以上，年利润增长了大约32.5万美元。[102]一项针对南非852家小企业的研究发现，为期10周的金融和营销技能强化课程能提高销量、利润和就业。[103]

■ 环境保护基金会（EDF）是一家非政府组织，其使命之一是为大公司提供如何使它们的供应链更可持续的建议。EDF与沃尔玛进行了多方面的合作。EDF专家访问了沃尔玛在中国的供应商，就提高工厂效率提出建议和方法。在农业供应链中，EDF帮助沃尔玛的供应商减少了因使用化肥而导致的温室气体排放。该组织还帮助沃尔玛成立了一个发放优惠贷款的投资基金，帮助企业建设再循环基础设施。EDF估计，从2005年到2015年，沃尔玛减少的排放量相当于马路上少行驶近600万辆汽车。[104]

■ 公平贸易国际是一个可持续性平台，为咖啡和其他商品的供应商提供资金和技术援助。参与公平贸易活动的咖啡购买者需向供应商支付足够高的价格，以覆盖可持续生产的成本，如采用环保肥料、高效用水和提供良好的工作条件。在价格之外，购买方还要向一家基金支付额外的溢价，基金可被供应商用来投资于改善社会、经济或环境条件。德国复兴信贷银行（KfW）是德国的一家开发性机构，在KfW和美国海外私人投资公司（Overseas Private Investment Corporation）的支持下，公平贸易国际为缺乏信贷的农民提供低成本融资。公平贸易信贷基金（Fairtrade Access Fund）提供短期贷款，短期贷款包括营运资金和不超过一年的定期资金，用于支付种子、劳动力成本和肥料等种植费用。该基金还为农场设备、新设施和满足公平贸易认证成本等提供1至5年的长期贷款。贷款金额通常从15万美元到100万美元不等。供应商可以通过该基金获得技术援助，包括财务管理培训和使用移动技术跟踪价格、天气和生产数据。公平贸易国际还规定，购买方应在庄稼收获前向供应商提供融资。应供应商请求，购买方必须支付相当于合同价值60%的前期融资。[105]

一些认证项目已经被证明可以提高供应商的收入。然而，小生产商并非总能得到好处，因此如果没有长期资金支持，维持标准可能会很困难（见专栏2-5）。

专栏2-5　可持续性平台的前景与挑战：以GlobalGAP为例

安全与可持续农业全球合作伙伴组织（GlobalGAP）由欧洲零售商于1997年创办，是一个非政府组织，为农业供应商遵守良好农业规范提供认证。为了获得GlobalGAP认证，生产者必须满足食品安全、可持续生产方式、高效用水、工人和动物福利等严格标准。例如，GlobalGAP生产者被要求为农民提供体面的条件，包括优质住房、饮用水和国家最低工资。它们还必须限制使用杀虫剂等危险化学品。GlobalGAP目前在全球120多个国家拥有约16万个认证生产商，欧洲超市已广泛采用该标准。[106]非政府组织在认证过程中为供应商提供技术支持。美国国际开发署（USAID）和德国发展机构（即德国国际合作机构GIZ）等国际捐助者已为贫穷国家的农民提供资金支持，帮助他们改进其可持续性实践以获得认证。

已有研究将GlobalGAP认证与新兴经济体企业的良好业绩联系起来。一项对肯尼亚从事小规模出口的农民的研究发现了显著的健康效益。在采用了标准的农民中，与农药有关的严重疾病减少了70%，卫生支出降低了50%~60%。[107]在塞内加尔，获得认证公司拥有更高的市场份额和出口量，而工人的工资则高出13%。[108]

大多数有积极结果的研究也有一些值得注意的地方。一些研究认为，大多数利益主要流向了成功的大公司，因为小公司无法承担遵循标准需支出的成本。在马达加斯加，国际捐助者帮助荔枝种植者达到GlobalGAP标准。一项研究发现，认证导致了更高的出口——但仅限于那些已经能够大量销售产品、将产品运往地区首府，并与买家保持长期关系的农场主。作者反驳了认证对小农户是有价值的论点。[109]

基于泰国农民的商业实践，研究人员发现结果存在较大差异。由于GlobalGAP的认证，卖给当地买家的泰国农民开始向国内超市销售，从而使平均收入提高了14 687美元，但大部分收益为更大的生产商得到。以出口为导向的农民无法改善他们的市场营销关系或获得更高的价格，因而他们的收入没有受到显著影响。然而，对出口商来说，获得认证确实有助于它们保持市场份额。研究还发现，没有长期的外部支持，认证是不可持续的。所有农民都接受了资金和培训，以减轻初次认证带来的负担，而一旦获得认证，则无法继续获得帮助。在获得认证的72名农民中，只有18人在次年成功使证书得到延期。再次获得认证最重要的因素是得到了出口商的支持。为使认证延期，生产商必须进行审核和实验室分析，并维持质量管理体系。每个农民每年的成本总计接近800美元——这对很多人来说过于昂贵。[110]这些发现强调了，合理的长期融资对帮助中小企业满足可持续性标准很重要。

2.4.3 提升供应商多样性

关于全球价值链可持续性的政策辩论集中在劳工和环境标准上。供应商多样性是可持续性中一个不太受重视的方面。如果全球价值链领导企业只从男性供应商那里采购，那么它们可能会加剧经济不平等和经济排斥。大型购买方可以通过从更边缘化的人群（如女性、少数族群、土著居民、性少数群体和残疾人）拥有的企业进行采购来鼓励共享增长。WEConnect国际公司的研究估计，女性拥有的企业在大型企业与政府产品和服务的支出中所占比例不到1%。

■ 美国国际开发署与澳大利亚外交和贸易部一起为"妇女生计债券"提供贷款担保。其目标是筹集高达1 525万美元的私人资本，为柬埔寨、菲律宾和越南女性开办的小企业提供资金。微型金融机构将为这些企业发放贷款，以帮助妇女建立信用记录及发展企业。[111]

■ 国际消费品公司联合利华（Unilever）与乐施会（Oxfam）和福特基金会（Ford Foundation）合作，为印度的女性黄瓜种植者提供融资和培训。联合利华为供应商提供贷款、担保和配套拨款，以增强女性能力，提高农业可持续性和生产率。[112]

■ 越来越多的公司试图从传统上被排除在外的人群开办的企业那里购买商品和服务，英特尔（Intel）就是其中之一。与WEConnect国际公司合作，英特尔在中国推出了一个供应商多元化项目。这家科技公司挑选由女性和少数族群经营的企业作为供应商。自2014年以来，英特尔多样化供应商数量已增加了一倍，在这些供应商上的支出增加了60%。在全球范围内，到2020年，英特尔希望从多样化供应商处采购10亿美元的商品和服务。

■ 总部位于美国的汽车制造商通用汽车（GM）是第一家建立了精心安排的少数群体供应商多元化项目的汽车公司，旨在为当地社区（确切地说是女性）创造就业机会。自1958年创立以来，该项目已经对200多家为通用汽车供货的女性和少数群体拥有的企业产生了积极影响。这家汽车公司已经直接和间接从这些少数群体供应商那里购买了将近620亿美元的商品和服务。

■ 可口可乐公司（Coca-Cola Company）开展了几项活动，支持在其价值链中工作的女性。"5by20"是这家饮料公司的全球承诺，目标是到2020年，使该公司价值链上的500万名女性企业家获得经济权利，目前的重点是巴西、南非、菲律宾和印度。通过"5by20"，公司让女性能够进入市场，参加商业技能培训课程，获得金融服务，增强自信，并与同龄人和导师建立联系。"5by20"关注的是女性参与价值链的6个"要素"（角色），即生产商、供应商、分销商、零售商、回收商和技工。[113]

第3部分　政策考虑：为可持续全球价值链中的中小企业提供更多金融支持

3.1　政策考虑

第1部分研究发现，参与全球价值链可以使小微企业盈利增加，并有助于新兴经济体经济增长和就业增加。第2部分阐述了政府和企业通过各种途径帮助小微企业升级生产流程，以达到全球价值链日益苛刻的可持续性标准。本部分提出一些政策考虑，帮助小微企业满足提高可持续性能力方面的融资需求。

近期研究为改善全球价值链的可持续性提供了一些参考。政府可鼓励全球价值链中领导企业遵守体面工作及环境保护方面的基本国际标准，包括保护集体谈判权以及支付像样的工资。政府还可与监察机构及国际组织（如ILO）合作，监测遵守可持续性标准的情况。[114]

G20开展的其他一些研究也强调了新兴经济体的中小企业从参与全球价值链中获益的种种途径。能力建设是G20国家可以提供帮助的最重要途径之一。许多G20成员国就是具备制定可持续性标准相关经验的政府和机构的所在国。新兴经济体通常缺乏执行国际标准所需的能力和专业技能。G20国家政府和企业可与新兴国家的相应机构分享有关经验及资源。[115]

本部分在前述研究的基础上，具体阐述了帮助中小企业获得融资的途径，以达到可持续性合规标准并进而参与全球价值链。

3.2　政府和国际开发性金融机构

使中小企业贷款的基本社会和环境准则相协调。包括巴西在内的G20成员国中央银行，已经在此方面采取了相关措施。现有的明确的可持续性准则将激励银行监督其借款企业的劳工和环境合规性。当借款企业不确定应如何改善可持续性以改善融资条件时，这些准则还可为其提供一个基准。除经济利益外，制定明确的可持续性准则还有助于实现可持续性发展目标，特别是第12条（即确保可持续性消费和生产模式）。

在国家层面建立政府采购最低可持续性准则。政府可运用其巨大购买力，鼓励供应商达到劳工和环境标准。

为中小企业贷款机构实施标准评估提供技术援助。开发性金融机构通常要求银行满足现有的国际可持续性标准才能为其提供金融支持。然而这些规定可以通过为贷款人提供技术援助，帮助其建立监督借款人可持续性标准执行情况的系统来更好地实现。开发性金融机构还可同贷款银行分享最佳实践，帮助后者设计有助于小微企业满足可持续性标准的、适合的金融产品。

建立银行间关于实施环境和社会管理体系的同业交流平台。鉴于不断增加的监管压力，以及越来越多的证据表明可持续性与财务表现正相关，银行监督其借款人可持续性实施情况的意愿也不断增强。然而银行通常缺少必备的知识和技能，开发性金融机构可帮助新兴国家的银行就设计贷款的环境和社会影响的管理系统交流信息。

为增强商业银行为小微企业能效类项目提供融资的意愿，政府和开发性金融机构可综合运用技术援助和一系列金融产品（例如补贴、通过商业银行的定向贷款或信用担保）。为在长期内产生积极影响，这些产品的财务可持续性至关重要，产品设计应有助于支持贷款行改善小微企业融资。例如，政府可为能效类项目提供适当的银行担保（资产组合层面）。银行较不情愿为小微企业提高能效的项目提供资金。借款人通常想提供集合型设备——如供暖、通风及空调系统（HVAC）作为抵押物，而商业银行不愿接受此类抵押物，因为一旦发生违约，移除此类设备成本较高，也比较困难。特别是能效类项目通常总价较低，在5万~500万美元之间，将此类项目纳入投资组合中可提高其对于银行和投资人的吸引力。[116]

帮助领导企业支持其供应链中的小微企业进行可持续性升级。小型企业在无偿帮助下取得GlobalGAP认证以及其他可持续性资格认证。如第2部分GlobalGAP专栏中所解释的，小型企业通常需要持续的资助来承担维持标准所需的成本。虽然购买方在促使供应链可持续运转方面最为重要，资助者和行业领导企业也应该探索分担供应商们可持续性升级的成本。主要的新兴经济体正在采取此类措施。例如，南非标准制定局帮助中小企业负担了15%的可持续性采矿认证成本，大型企业承担了80%，而中小企业仅承担5%。印度为中小企业提供补贴及补偿，以鼓励它们取得ISO或其他国际组织及国家机构的认证。[117]

与企业合作以深入了解生产网络及量化商业活动带来的全部经济、社会和环境影响。通常而言，供应链因涉及面广泛而难以追踪。精心安排生产网络有助于揭示可持续性缺陷方面最普遍的地方，进而更易于制定可持续性指导原则并监测其进展。彪马公司的案例表明了其如何发挥作用。这家服装和鞋类生产企业设计了一个环境损益评估系统来更好地了解它所造成的环境影响。结果显示，彪马公司的核心运营部分（包括企业办公室、仓库和商店）仅占公司对环境所造成影响的6%，其余94%都由供应链导致。彪马公司后来以此数据为基础推出项目，向可持续性表现更佳的供应商们提供更优厚的融资条件。[118]

鼓励上市公司报告供应链的社会和环境风险。市场监管部门可强制要求上市公司强化信息披露，向投资者和股东进一步报告其供应链的可持续性实践。

3.3 企业和购买方

追踪供应商们的可持续性标准执行状况。对供应商进行监督有助于领导企业避免违反劳工及环境标准。领导企业可向供应商们提供明确的有关可持续性预期及合规奖励的信息。如果供应商违反了标准，领导企业可提供技术和资金援助帮助它们解决问题。

■ 对于领导企业而言，要监测嵌套于其供应链中的次级供应商是具有挑战性的。区块链等科技发展或许会有所帮助。公民社会团体正在探索运用区块链技术监测价值链的方法。区块链是不需要第三方介入、同侪之间直接交换信息的网络。上传到区块链上的数据一经发布就无法更改。一家英国技术公司近期与印度尼西亚的渔民合作开展一项试点项目，使用区块链技术追踪海产品的供应链。渔民们通过发送简单的文本信息在区块链上登记捕捞总量。随着捕捞总量信息传递至供应商及进入加工销售环节，新的区块链信息将被发布。消费者、领导企业，以及任何具备区块链标识符的人都能看到供应链记录，这也为增加供应链透明度提供了新的可能。[119]

将供应链文件数字化（例如采用电子发票）。全球价值链领导企业可运用数字技术帮助供应商更快地获得供应链融资。它们还能向贷款人提供供应商可持续性表现的数字记录，这将帮助供应商树立声誉，从而可能获得更多的、更优惠的融资。印度和坦桑尼亚的一些金融机构已经开始使用销售和交货数据来分析供应链中中小企业的信誉。[120]企业还可积极探索，利用区块链技术监测价值链及提升与供应商之间的交易效率。

向供应商提供更有利的融资条件和更高额的订单，使它们有动力增强可持续性。大多数大型企业的社会和环境影响产生于其价值链内部。向达到标准的供应商们提供财务回报（例如大额订单或更高定价），是企业履行社会责任承诺的一种直截了当的方法。更长期限的合同也可激励供应商为增强可持续性而进行融资性投资。

3.4 投资者和贷款人

开发测度投资社会和环境影响的工具。投资者可要求被投资人制订可持续性管理计划并进行信息披露。全球报告倡议组织（GRI）、可持续性会计准则理事会（SASB）和国际综合报告委员会（IIRC）正在联合制定可持续性披露框架。这些组织帮助企业建立和监测可持续性目标以及核心表现指标。挑战之一是与相关监管当局和标准制定者就披露框架进行协调。[121]

将可持续性表现作为一项长期商业业绩指标来评估信贷资质。本文所呈现的证据表明，可持续性升级可以提高对企业产品的需求，以及企业的生产率、价格溢价及利润。也有证据表明，具有较高可持续性投资的企业的股票回报率也最高。[122] 在中国，劳工和环境标准合规的企业，其财务业绩也更佳。更高标准的积极影响还体现在周转率降低、市场份额增大以及更容易获得外部融资。[123] 来自美国的初步研究显示，可持续性中小企业（指那些持有资格认证或对较高环境、社会和治理标准作出正式承诺的企业）同一般公司相比，出现倒闭或经营惨淡的风险大大降低。[124]

■ 虽然仍需开展更多的研究来确立可持续性与改善财务业绩之间的联系，但贷款者可以研究使用可持续性指标作为信用信息和风险评估替代性依据的可能性，这在直觉上是合理的。比如，能效高的制造企业生产率更高，所需投入更少，因此它们的利润率应该更高，也更有能力偿还贷款。农业供应商们假如获得了可持续性资格认证，便有资格获得条件更优惠的融资。抗旱种子已被证明能够极大地提高小型农业生产者的产量。[125]还应允许农民使用抗旱种子作抵押借款，虽然这类种子并非完全没有风险。[126]为从公平贸易等体制中获得可持续性认证，中小企业通常需要准备详细的证明文件。贷款者们会以这些可持续性数据作为参考来评估企业的资信。

◆ 马来西亚在决定哪些中小企业有资格获得政府援助时便会看其是否具备国际认证。政府运用一项中小企业竞争力提升评级机制，来判定哪些中小企业具备高增长潜力，进而可获得政府支持。获得ISO产品安全认证或良好管理实践认证的中小企业排名就会比较靠前。马来西亚的中小企业社团帮助评级高的企业与大型公司、国家开发性机构MIDA以及官方贸易促进机构MATRADE建立联系。[127]

■ 为大型基础设施项目发行的绿色债券的兴起，给那些有意为保护环境而建立新工厂或升级设备却苦于借贷无门的中小企业带来了新的契机，使它们得以设计小额贷款组合。绿色债券同传统债券类似，但最大的区别是绿色债券需要第三方认证以证明发债所得是用于支持环保项目。[128]截至2016年，未清偿绿色债券余额为1 180亿美元。开发中小企业贷款组合信用评级模型，成为了为此类项目创设贷款组合的最大挑战。可持续性指标的表现可用于评估贷款组合的信用等级。

◆ 通过将绿色标牌（green tags）应用至贷款中，银行能够帮助编纂有关可持续性和财务表现的证据。很多国家采用绿色标牌对住宅或汽车的能效进行评级。例如，如果银行能够根据潜在的中小企业资产的节能表现为其贷款标牌，便可生成用来评估对比高能效贷款和低能效贷款绩效的数据。[129]如果能证明能效和贷款绩效之间的联系，那么这些数据就可被用来判断中小企业贷款组合的信用评级，进而扩大绿色金融的规模。

结束语

全球价值链为中小企业发挥潜能，促进新兴经济体经济增长、就业和创新带来了机会。领导企业越来越期望供应商在加入其价值链之前就达到劳工和环境标准。但世界银行集团和G20轮值主席国德国联合开展的最新调查发现，虽然规模最大的买家对环境保护和劳工权益作出了承诺，然而相对而言只有极少的购买方对升级其可持续性标准的企业提供了金融服务或激励。本文中的证据表明，遵守可持续性有助于企业在改善工人生活和保护环境的同时，使自身也变得更具竞争力。研究还表明，满足标准的成本对中小企业可能难以承受，因为这些企业无法获得融资和专业技术。政府能为中小企业提供它们提高可持续性业绩所需的资金和技术支持，来帮助其加入可持续全球价值链。

尾注

1. World Bank. 2015. "Small and Medium Enterprises (SMEs) Finance." Research brief, The World Bank.

2. Stein, P., O. Pinar Ardic, and M. Hommes. 2013. "Closing the Credit Gap for Formal and Informal Micro, Small, and Medium Enterprises." IFC.

3. Baldwin, R., and J. Lopez-Gonzalez. 2015. "Supply-chain Trade: A Portrait of Global Patterns and Testable Hypotheses." *The World Economy*, Vol. 38, Issue 11, pp. 1682-1721.

4. Taglioni, D., and D. Winkler. 2016. "Making Global Value Chains Work for Development." The World Bank Group.

5. OECD, WTO, and World Bank Group. 2014. "Global Value Chains: Challenges, Opportunities, and Implications for Policy." Report prepared for submission to the G20 Trade Ministers Meeting, July.

6. Cusolito, A. P., R. Safadi, and D. Taglioni. 2016. "Inclusive Global Value Chains: Policy Options for Small and Medium Enterprises and Low-Income Countries." OECD and World Bank Group.

7. OECD, WTO, and World Bank Group. 2014. "Global Value Chains: Challenges, Opportunities, and Implications for Policy." Report prepared for submission to the G20 Trade Ministers Meeting, July.

8. Figure reproduced from OECD, WTO, and World Bank Group. 2014. "Global Value Chains: Challenges, Opportunities, and Implications for Policy." Report prepared for submission to the G20 Trade Ministers Meeting, July.

9. Figure reproduced from Cusolito, A. P., R. Safadi, and D. Taglioni.

2016. "Inclusive Global Value Chains: Policy Options for Small and Medium Enterprises and Low-Income Countries." OECD and World Bank Group.

10.Taglioni, D., and D. Winkler. 2016. "Making Global Value Chains Work for Development." The World Bank Group.

11.Constantinescu, C., A. Mattoo, and M. Ruta. 2017. "Does Vertical Specialization Increase Productivity?" World Bank Policy Research Working paper 7978.

12.Dihel, N., A. Grover, C. Hollweg, and A. Slany. 2017. "How does participation in value chains matter to African farmers?" Forthcoming report from the World Bank.

13. Kummritz, V. 2016. "Do Global Value Chains Cause Industrial Development?" Center for Trade and Economic Integration Working Paper No. 2016-01.

14.Cusolito, A. P., R. Safadi, and D. Taglioni. 2016. "Inclusive Global Value Chains: Policy Options for Small and Medium Enterprises and Low-Income Countries." OECD and World Bank Group.

15.ISEAL. 2017. "What is a Sustainability Standard?" ISEAL.

16.Brenton, P., G. Edwards-Jones, and M. F. Jensen. 2009. "Carbon Labelling and Low-income Country Exports: A Review of the Development Issues." *Development Policy Review*, Vol. 27, No. 3, pp. 243-267.

17. Kagawa, S., S. Suh, Y. Kondo, and K. Nansai. 2013. "Identifying Environmentally Important Supply Chain Clusters in the Automobile Industry." *Economic Systems Research*, Vol. 25, No. 3, pp. 265-286.

18.Henson, S., O. Masakure, and J. Cranfield. 2011. "Do Fresh Produce Exporters in Sub-Saharan Africa Benefit from GlobalGAP Certification?" *World Development*, Vol. 39, No. 3, pp. 375-386.

19.Xiong, B., and J. Beghin. 2014. "Disentangling Demand-Enhancing and Trade-Cost Effects of Maximum Residue Regulations." *Economic Inquiry*, Vol. 52, No. 3, pp. 1190-1203.

20.Mangelsdorf, A., A. Portugal-Perez, and J. Wilson. 2012. "Do Better Standards Facilitate Exports? Evidence from China." In Cadot, O., and M. Malouche, eds, *Non-Tariff Measures — A Fresh Look at Trade Policy's New Frontier*, Centre for Economic Policy Research and the World Bank.

21. Yang, X., and Y. Yao. 2012. "Environmental Compliance and Firm Performance: Evidence from China." *Oxford Bulletin of Economics and Statistics*, Vol. 74, No. 3, pp. 397-424.

22. Goedhuys, M., and L. Sleuwaegen. 2013. "The Impact of International Standards Certification on the Performance of Firms in Less Developed Countries." *World Development*, Vol. 47, pp. 87-101.

23.Tewari, M., and P. Pillai. 2005. "Global Standards and the Dynamics of Environmental Compliance in India's Leather Industry." *Oxford Development Studies*, Vol. 33, No. 2, pp. 245-267.

24.Maertens, M., and J. F. M. Swinnen. 2009. "Trade, Standards, and Poverty: Evidence from Senegal." *World Development*, Vol. 37, No. 1, pp. 161-178.

25.Dragusanu, R., D. Giovannucci, and N. Nunn. 2014. "The Economics of Fair Trade." *Journal of Economic Perspectives*, Vol. 28, No. 3, pp. 217-236.

26.Ruben, R., and R. Fort. 2012. "The Impact of Fair Trade Certification for Coffee Farmers in Peru." *World Development*, Vol. 40, No. 3, pp. 570-582.

27.Chiputwa, B., and M. Qaim. 2016. "Sustainability Standards, Gender, and Nutrition among Smallholder farmers in Uganda." *The Journal of Development Studies*, Vol. 52, No. 9, pp. 1341-1257.

28.Papyrakis, E., M. Rieger, and E. Gilberthorpe. 2017. "Corruption and the Extractive Industries Transparency Initiative." *The Journal of Development Studies*, Vol. 53, No. 2, pp. 295-309.

29.Sovacool, B. K., G. Walter, T. van de Graaf, and N. Andrews. 2016. "Energy Governance, Transnational Rules, and the Resource Curse: Exploring the Effectiveness of the Extractive Industries Transparency Initiative (EITI)."

World Development，Vol. 83，pp. 179-192.

30. Trifkovic，N. 2017. "Spillover Effects of International Standards：Working Conditions in the Vietnamese SMEs." *World Development*，in press.

31. Breza，E.，M. Kanz，and L. Klapper. 2017. "The Real Effects of Electronic Wage Payments：First Results." Forthcoming working paper.

32. Cusolito，A. P.，R. Safadi，and D. Taglioni. 2016. "Inclusive Global Value Chains：Policy Options for Small and Medium Enterprises and Low-Income Countries." OECD and World Bank Group.

33. Kiendrebeogo，Y.，and A. Minea. 2016. "Financial Factors and Manufacturing Exports：Firm-Level Evidence From Egypt." *The Journal of Development Studies*，2016.

34. Figure reproduced from Cusolito，A. P.，R. Safadi，and D. Taglioni. 2016. "Inclusive Global Value Chains：Policy Options for Small and Medium Enterprises and Low-Income Countries." OECD and World Bank Group.

35. Stein，P.，O. Pinar Ardic，and M. Hommes. 2013. "Closing the Credit Gap for Formal and Informal Micro，Small，and Medium Enterprises." IFC.

36. International Committee on Credit Reporting. 2014. "Facilitating SME financing through improved credit reporting." The World Bank，May.

37. Stein，P.，O. Pinar Ardic，and M. Hommes. 2013. "Closing the Credit Gap for Formal and Informal Micro，Small，and Medium Enterprises." IFC.

38. Beck，T.，A. Demirguc-Kunt，L. Laeven，and V. Maksimovic. 2006. "The determinants of financing obstacles." *Journal of International Money and Finance*，Vol. 25，pp. 932-952.

39. Maresch，D.，A. Ferrando，and A. Moro. 2015. "Creditor protection，judicial enforcement and credit access." European Central Bank Working Paper Series No.1829，July.

40. IFC. 2010. "Scaling-Up SME Access to Financial Services in the Development World." Report of the Financial Inclusion Experts Group prepared for the G20 Seoul Summit.

41. McDaniels, J., and N. Robins. 2017. "Mobilizing sustainable finance for small and medium sized enterprises: Reviewing experience and identifying options in the G7." Report prepared by the UN Environment Program for the G7, June.

42. IFC, and GPFI (Global Partnership for Financial Inclusion.) 2011. Strengthening Access to Finance for Women-Owned SMEs in Developing Countries. IFC, October.

43. Jaffee, S., and S. Henson. 2004. "Standards and Agro-Food Exports from Developing Countries: Rebalancing the Debate." World Bank Policy Research Working Paper 3348, June.

44. Maskus, K. E., T. Otsuki, and J. S. Wilson. 2005. "The Cost of Compliance with Product Standards for Firms in Developing Countries: An Econometric Study." World Bank Policy Research Working Paper 3590, May.

45. van Rijsbergen, B., W. Elbers, R. Ruben, and S. N. Njuguna. 2016. "The Ambivalent Impact of Coffee Certification on Farmers' Welfare: A Matched Panel Approach for Cooperatives in Central Kenya." *World Development*, Vol. 77, pp. 277-292.

46. See, for example, Essaji, A. 2008. "Technical regulations and specialization in international trade." *Journal of International Economics*, Vol. 76, pp. 166-176; Fernandes, A. M., E. Ferro, and J. S. Wilson. 2015. "Product Standards and Firms' Export Decisions." World Bank Policy Research Working Paper 7315, June; and Ferro, E., T. Otsuki, and J. S. Wilson. 2015. "The effect of product standards on agricultural exports." *Food Policy*, Vol. 50, pp. 68-79.

47. Czubala, W., B. Shepherd, and J. S. Wilson. 2009. "Help or Hindrance? The Impact of Harmonised Standards on African Exports." *Journal of African Economies*, Vol. 18, No. 5, pp. 711-744.

48. See Henson, S., O. Masakure, and J. Cranfield. 2011. "Do Fresh Produce Exporters in Sub-Saharan Africa Benefit from GlobalGAP

Certification?" *World Development*, Vol. 39, No. 3, pp. 375-386; and Rossi, A. 2015. "Better Work: Harnessing incentives and influencing policy to strengthen labour standards compliance in global production networks." *Cambridge Journal of Regions, Economy and Society*, Vol. 8, pp. 505-520.

49. International Trade Centre. 2016. "Meeting the standard for trade. SME competitiveness outlook 2016." International Trade Centre, Geneva.

50. Henson, S., and J. Humphrey (2009). "The Impacts of Private Food Safety Standards on the Food Chain and on Public Standard-Setting Processes." Research note prepared for FAO/WHO.

51. Figure reproduced from Sommer, Christoph. 2017. "Drivers and Constraints for Adopting Sustainability Standards in Small and Medium-sized Enterprises (SMEs)." German Development Institute.

52. Potts, J., M. Lynch, A. Wilkings, G. Huppe, M. Cunningham, and V. Voora. 2014. "The State of Sustainability Initiatives Review 2014: Standards and the Green Economy." International Institute for Sustainable Development, and the International Institute for Environment and Development.

53. Sommer, Christoph. 2017. "Drivers and Constraints for Adopting Sustainability Standards in Small and Medium-sized Enterprises (SMEs)." German Development Institute.

54. Winkler, D. 2017. "How Do Multinationals Report Their Economic, Social and Environmental Impacts? Evidence from Global Reporting Initiative Data. World Bank mimeo, April.

55. Human Rights Watch. 2016. "Human Rights in Supply Chains: A Call for a Binding Global Standard on Due Diligence." Human Rights Watch, May.

56. Matthews, H. S., C. T. Hendrickson, and C. L. Weber. 2008. "The importance of Carbon Footprint Estimation Boundaries." *Environmental Science and Technology*, Vol. 42, pp. 5839-5842.

57. ILO. 2016. "Strengthening workplace safety and labour rights in the Bangladesh Ready-Made Garment sector." ILO, September.

58.International Trade Centre. 2016. "Meeting the standard for trade. SME competitiveness outlook 2016." International Trade Centre，Geneva.

59.Nielsen. 2014. "Global consumers are willing to put their money where their heart is when it comes to goods and services from companies committed to social responsibility." Nielsen，June.

60. Opijnen，M.，and Oldenziel，J. 2011. "Responsible Supply Chain Management. Potential success factors and challenges for addressing prevailing human rights and other CSR issues in supply chains of EU-based companies." Study commissioned under the European Union's Programme for Employment and Social Solidarity — PROGRESS（2007-2013）.

61.Frankel，T. C. 2017. "Apple cracks down further on cobalt supplier in Congo as child labor persists." *The Washington Post*，March 3.

62.Grewal，J.，G. Serafeim，and A. Yoon. 2016. "Shareholder Activism on Sustainability Issues." Harvard Business School Working Paper 17-003.

63.Khan，M.，G. Serafeim，and A. Yoon. 2016. "Corporate Sustainability：First Evidence on Materiality." *The Accounting Review*，Vol. 91，No. 6，pp. 1697-1724.

64.Matsumura，E. M.，R. Prakash，and S. C. Vera-Munoz. 2014. "Firm-Value Effects of Carbon Emissions and Carbon Disclosures." *The Accounting Review*，Vol. 89，No. 2，pp. 695-724.

65. McKinsey & Company. 2014. "Sustainability's strategic worth：McKinsey Global Survey results." McKinsey & Company，July.

66. PWC. 2014. "17th Annual Global CEO Survey：Business success beyond the short term：CEO perspectives on sustainability." PWC.

67. PWC. 2013. "Global Supply Chain Survey 2013：Next generation supply chains." PWC.

68. Taglioni，D. 2017. "WBG Project on the Development Footprint of Multinationals." Mimeo.

69.KPMG. 2015. "The KPMG Survey of Corporate Responsibility Reporting

2015: Currents of change." KPMG.

70. See Lopes, D., and S. Lowery. 2015. "Rural Credit in Brazil: Challenges and Opportunities for Promoting Sustainable Agriculture." Forest Trends Policy Brief, November; Vasconcelos, M.S. 2015. "Brazilian Banking Sector, the Green Economy and Climate Change." Presentation of the Brazilian Federation of Banks at the Paris Climate Conference, December; and WWF. 2016. "Brazil's new Forest Code: A guide for decision-makers in supply chains and governments." World Wildlife Foundation Guide.

71. Proparco. 2015. "Financing Sustainable Energy and Development." AFD Group.

72. Citrus Partners LLP. 2016. "Evaluation of the Promotion of Environmental and Social Standards in DEG's Indirect Financing. Case Study Report Banco Promerica, El Salvador." Prepared for DEG, November.

73. TSKB. 2016. "Integrated Report 2016." Industrial Development Bank of Turkey.

74. IIC. 2017. "Evaluation of Direct Support to SMEs by the IIC," CII/RE-23-1. Office of Evaluation and Oversight, Inter-American Development Bank, 2017.

75. Better Work. 2016. "Progress and Potential: How Better Work is improving garment workers' lives and boosting factory competitiveness. A summary of an independent assessment of the Better Work programme." IFC and ILO.

76. AfDB. 2014. "AFDB approves a EUR 40-million Risk Participation Agreement with BNP Paribas to Boost Trade Finance in Africa." AfDB.

77. Csaky, E., A. Frei-Oldenburg, U. Hess, S. Kuhn, C. Miller, P. Varangis, and D. Perry. 2017. "Climate Smart Financing for Rural MSMEs: Enabling Policy Frameworks." Report prepared for the Global Partnership for Financial Inclusion.

78. IDA. 2016. "Further Details on the Proposed IFC-MIGA Private Sector Window in IDA18." IDA Resource Mobilization Department, September 16.

79. Kerber, R. 2017. "Exclusive: BlackRock vows new pressure on climate, board diversity." *Reuters*, March 13.

80. Mufson, S. 2017. "Financial firms lead shareholder rebellion against ExxonMobil climate change policies." *The Washington Post online*, May 31.

81. Financial Stability Board. 2016. "Recommendations of the Task Force on Climate-related Financial Disclosures."

82. European Commission. 2016. "European Commission appoints members of the High-Level Expert Group on sustainable finance." Press release, December 22.

83. EU High-Level Expert Group on Sustainable Finance. 2017. "Financing a Sustainable European Economy." Interim report, July 2017.

84. Authors' correspondence with responsAbility, summer 2017.

85. Moody's. 2016. "Moody's: Sustainable investing an opportunity for asset managers to generate value and sustain active management fees." Moody's Investors Service, October 06.

86. Colby, L. 2016. "Sustainable Investments Surged by Third to $8.7 Trillion in 2016." *Bloomberg*, November 14.

87. Duran, R. 2016. "CalSTRS Commits $2.5 Billion to Low-Carbon Index." CalSTRS news release.

88. See Starbucks. 2014. "Global Responsibility Report: What is the Role and Responsibility of a For-Profit Public Company?"; and Giammona, C. 2015. "Starbucks More Than Doubles Size of Coffee-Farmer Loan Program." *Bloomberg*, June 22.

89. Sustainable Stock Exchanges Initiative. 2016. "2016 Report on Progress: A Paper Prepared for the Sustainable Stock Exchanges 2016 Global Dialogue." Report prepared by UNCTAD, UNEP, UN Global Compact, and Principles for Responsible Investment.

90. BM&FBOVESPA. "Corporate Sustainability Index (ISE) Methodology." February.

91. EIRIS. 2013. "Sustainability Initiatives: Insights from Stock Exchanges into Motivations and Challenges." EIRIS, November.

92. Klapper, L. 2006. "Export Financing for SMEs: The Role of Factoring." World Bank Trade Note No. 29.

93. McKinsey & Company. 2015. "Supply-chain finance: The emergence of a new competitive landscape." *McKinsey on Payments*, Vol. 8, No. 22, pp. 10-16.

94. The Economist. 2017. "How fintech firms are helping to revolutionise supply-chain finance." January 12.

95. McKinsey & Company. 2015. "Supply-chain finance: The emergence of a new competitive landscape." *McKinsey on Payments*, Vol. 8, No. 22, pp. 10-16.

96. World Economic Forum. 2015. "The Future of FinTech: A Paradigm Shift in Small Business Finance." Global Agenda Council on the Future of Financing & Capital, October.

97. IFC. 2017. "US Apparel Case Study." Mimeo.

98. IKEA. 2016. "IWAY Standard: Minimum Requirements for Environment and Social & Working Conditions when Purchasing Products, Materials and Services." Edition 5.2, April 29.

99. Ivarsson, I., and C. G. Alvstam. 2010. "Supplier Upgrading in the Home-furnishing Value Chain: An Empirical Study of IKEA's Sourcing in China and South East Asia." *World Development*, Vol. 38, No. 11, pp. 1575-1587.

100. Tchibo. 2017. "Non-food engagement for social and environmentally responsible production."

101. Bloom, N., A. Mahajan, D. McKenzie, and J. Roberts. 2010. "Why Do Firms in Developing Countries Have Low Productivity?" *American Economic Review: Papers & Proceedings*, Vol. 100, No. 2, pp. 619-623.

102. Bloom, N., B. Eifert, A. Mahajan, D. McKenzie, and J. Roberts. 2013. "Does management matter? Evidence from India." *The Quarterly*

Journal of Economics, Vol. 128, Issue 1, pp. 1–51.

103. Anderson, S. J., R. Chandy, and B. Zia. 2016. "Pathways to Profits: Identifying Separate Channels of Small Firm Growth through Business Training." World Bank Policy Research Working Paper No. 7774, July.

104. EDF. 2016. "The Power of Partnerships: How a tenacious NGO and the world's largest retailer found environmental success." Environmental Defense Fund, February.

105. Fairtrade International. 2015. "Fairtrade Access Fund." Brochure published by Fairtrade International.

106. GlobalGAP. 2016. "Annual Report 2015: Growing a Global Solution." GlobalGAP, July.

107. Asfaw, S., D. Mithofer, and H. Waibel. 2010. "Agrifood supply chain, private –sector standards, and farmers' health: evidence from Kenya." *Agricultural Economics*, Vol. 41, pp. 251–263.

108. Colen, L., M. Maertens, and J. Swinnen. 2012. "Private Standards, Trade and Poverty: GlobalGAP and Horticultural Employment in Senegal." *The World Economy* Vol. 35, Issue 8, pp. 1073–1088.

109. Subervie, J., and I. Vagneron. 2013. "A Drop of Water in the Indian Ocean? The Impact of GlobalGap certification on Lychee Farmers in Madagascar." *World Development*, Vol. 50, pp. 57–73.

110. Holzapfel, S., and M. Wollni. 2014. "Is GlobalGAP Certification of Small–Scale Farmers Sustainable? Evidence from Thailand." *The Journal of Development Studies*, Vol. 50, No. 5, pp. 731–747.

111.USAID. 2016. "Women's Livelihood Bond." Fact Sheet, September.

112. Unilever. 2017. "Opportunities for Women: Challenging harmful social norms and gender stereotypes to unlock women's potential." Unilever Chief Sustainability Office, March.

113. IFC. 2016. "SheWorks: Putting Gender–Smart Commitments into Practice."

114. Cusolito, A. P., R. Safadi, and D. Taglioni. 2016. "Inclusive Global Value Chains: Policy Options for Small and Medium Enterprises and Low-Income Countries." OECD and World Bank Group.

115. Taglioni, D., and D. Winkler. 2016. "Making Global Value Chains Work for Development." The World Bank Group.

116. Schmitt, J., and T.M. Smith. 2013. "Supply Chain Energy Efficiency: Engaging Small & Medium Entities in Global Production Systems." Northstar Initiative for Sustainable Enterprise and the University of Minnesota, August.

117. Sommer, Christoph. 2017. "Drivers and Constraints for Adopting Sustainability Standards in Small and Medium-sized Enterprises (SMEs) ." German Development Institute.

118. Supply Chain Navigator. 2017. "The new economics of supply chain sustainability: Finance programs reward supplier CSR efforts." May.

119. Furlong, H. 2016. "Tuna Supply Chain Successfully Tracked, Traced Through Blockchain Tech." *Sustainable Brands*, September.

120. GPFI (Global Partnership for Financial Inclusion), "Alternative Data Transforming SME Finance," May 2017. Report undertaken for the GPFI by the SME Finance Forum and World Bank Group, with support from the German Government, the Silicon Valley Community Foundation, and the Swiss State Secretariat for Economic Affairs.

121. Mohieldin, M., and S. Klimenko. 2017. "The Private Sector and the SDGs." *Project Syndicate*, February.

122. Khan, M., G. Serafeim, and A. Yoon. 2016. "Corporate Sustainability: First Evidence on Materiality." *The Accounting Review*, Vol. 91, No. 6, pp. 1697-1724.

123. Shen, Y., and Y. Yao. 2009. "CSR and Competitiveness: The Role of Corporate Social Responsibility in the Competitiveness and Sustainability of the Chinese Private Sector." Report prepared for CPDF, IFC.

124. HealRWorld. 2015. "New study from HealRWorld reveals sustainable

SMEs in the US are more creditworthy than their peers." Press release, June 1.

125. Wilcox, M. 2013. "Increasing Food Security Through Finance for Drought-Resistant Seeds." Root Capital, October 18.

126. Balch, Oliver. 2016. "Are drought-resistant crops in Africa the tech fix they' re cracked up to be?" *The Guardian*, September 2.

127. SME Corporation Malaysia. 2017. "SME Competitiveness Rating for Enhancement (SCORE) ." *Program brief*, August 1.

128. Climate Bonds Initiative. 2016. "Bonds and Climate Change: The State of the Market in 2016." Report commissioned by HSBC.

129. Robins, N., and P. Sweatman. 2016. "How green tags could boost finance for energy efficiency." Environmental Finance, October 6.

附录 A
问卷调查：为可持续全球价值链中的中小企业提供融资服务

本次问卷调查于 2017 年 3 月以电子方式发放，并针对政府、企业、金融机构和数字平台服务提供商等不同机构类型对问卷进行了调整，共收到 67 份问卷反馈。

本次问卷调查的目的在于记载各种方案，帮助加入全球价值链的企业为更可持续的生产过程融资，以便达到环境和社会标准要求。环境标准包括更安全的废物管理、使用无毒害生产材料、减少杀虫剂的使用、采取提高能效的措施，等等。社会标准包括采用健康及安全措施、禁止使用童工、提供更优工作环境，等等。

一、基本特征

1. 你的企业是否向本国或境外的供应商提供金融工具或采取任何支持性的倡议或方案，以帮助它们提高生产过程可持续性及满足社会和环境标准？

□ 否　　□ 是

如果是，请简要解释它们同遵循社会及环境标准之间的联系：

_____

2. 产品名称：

_____

3. 行动开始年份：

_____

4. 你是直接向企业提供融资，还是通过金融机构或基金结构？（可多选）

□ 向企业直接贷款

□ 通过金融机构

□ 通过基金结构

5. 融资工具种类（可多选）：

□ 直接对企业的保理/应收账款融资（应收账款折扣）

□ 对企业的直接抵押（固定资产）信用/贷款

□ 对企业的直接无抵押信用/贷款

□ 对金融机构的贷款/信用额度

☐ 对金融机构贷款担保：个人贷款

☐ 对金融机构贷款担保：股权投资组合

6. 融资资格是否仅限于遵循下述标准？（可多选）

☐ 否/自愿

☐ 劳工标准

☐ 环境标准

7. 有哪些规定标准？（可多选）

☐ 国内标准

☐ 国际标准

☐ 请列举规定标准名称：

_____

_____

_____

8. 此类融资的成本/利率是否与可持续性实践相关联？

☐ 否

☐ 是；请解释：

_____

_____

9. 融资资格是否仅限于那些融入全球价值链的企业？

☐ 否

☐ 是；请解释：

_____

_____

10. 融资资格是否仅限于特定国家？

☐ 否

☐ 是；请列举有资格的国家：

_____

_____

11. 融资资格是否仅限于行动部门？

□ 否

□ 是；请列举有资格的部门：

_____

_____

12. 融资资格是否对员工数量或销售额/成交量有要求？

□ 否

□ 是；请列明规模要求：

_____

_____

13. 请描述其他有关融资资格的要求：

_____

_____

14. 项目是否为借款人提供关于环境及社会标准合规性的培训或指引？

□ 否

□ 是；请解释：

_____

_____

15. 项目是否借助线上平台开展？

□ 否

□ 是

补充评论：_____

_____

16. 项目是否要求对可持续性进行评级或对借款人开展第三方审计？

□ 否

□ 可持续性评级

□ 对借款人的第三方审计

补充评论：_____

_____

17. 如该项目要求可持续性评级或第三方审计，则其更新的频率为？

□ 每季度一每年

□ 其他（请具体说明）: _____

18. 是否有其他途径对借款人的环境及社会绩效进行监督？

□ 否

□ 是；请解释其他监督行为: _____

19. 不符合通行社会及环境标准是否会造成后果？

□ 否

□ 是；请解释不符合标准的后果:

二、监督

本部分中，如数据不可得，请填写 "NA"。

20. 生产该产品的雇员数量:

21. 直接提供给企业的融资总额为（请注明币种）:

□ 无

□ 请填写金额和币种: _____

22. 直接受益的企业总数:

□ 无

□ 请具体说明企业数量: _____

23. 提供给金融机构的融资总额（请注明币种）:

□ 无

□ 请具体说明金额和币种: _____

24.受益的金融机构总数：

☐ 无

☐ 请具体说明金融机构数量：_____

25.通过金融机构获得融资的企业总数：

☐ 无

☐ 请具体说明企业数量：_____

26.获得融资企业（按规模划分，请定义分类）：

☐ 大型：_____

☐ 中型：_____

☐ 小型：_____

27.融资企业（按部门划分）：

☐ 农业：_____

☐ 住宿及食品服务：_____

☐ 制造业：_____

☐ 批发及零售贸易：_____

☐ 其他：_____

28.结果：

☐ 贷款笔数：_____

☐ 违约贷款笔数：_____

29.请估计上一财年贵机构对项目的贡献总额：

_____

_____

_____

三、计划融资工具

请描述已规划的新方案，或进行补充性评论：

_____

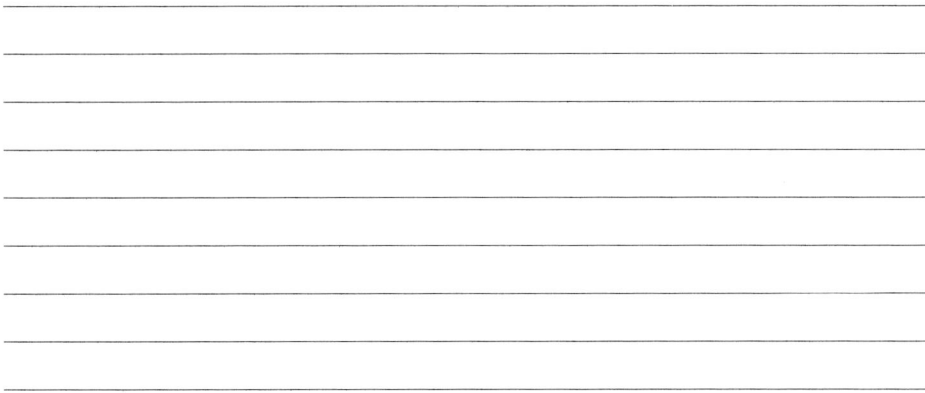

_____
_____
_____
_____
_____
_____
_____
_____
_____
_____

附录 B

为了将世界银行集团的评估性研究成果——"为可持续全球价值链中的中小企业提供融资服务"——置于其背景下加以考虑，附录 B 从需求侧出发，补充了以中小企业视角所做的供给侧分析。它解决了已融入（或寻求融入）可持续全球价值链的中小企业在采用社会和环境标准时，所面临的激励和障碍问题。获得融资是这些潜在激励之一，本部分试图在影响中小企业执行标准的其他驱动因素和限制因素这一更广泛背景下来探讨这一点。本部分以现有的文献研究以及在巴西、中国、印度、印度尼西亚和南非五国进行的国别案例为基础。[①]

图 5B-1 概述了中小企业采用可持续性标准的激励（驱动）因素和限制（约束）因素。这些因素可能会在某些情况下增强可持续性，但在另一些情况下（圆圈重叠区域）却阻碍了它的提升。该图进一步区分了驱动因素（包含遵守可持续性的直接动机）和促进因素（最好将这些因素描述为具有促进作用的环境的组成部分，这些组成部分不直接产生激励作用，但有利于标准的采用）。

---

① 国家案例研究全文可在 DIE 主页上找到。它们已被结集出版：German Development Institute / Deutsches Institut für Entwicklungspolitik（DIE）（Ed.）．2017."Drivers and constraints for adopting sustainability standards in small and medium-sized enterprises（SMEs）and the demand for finance." DIE，Bonn.

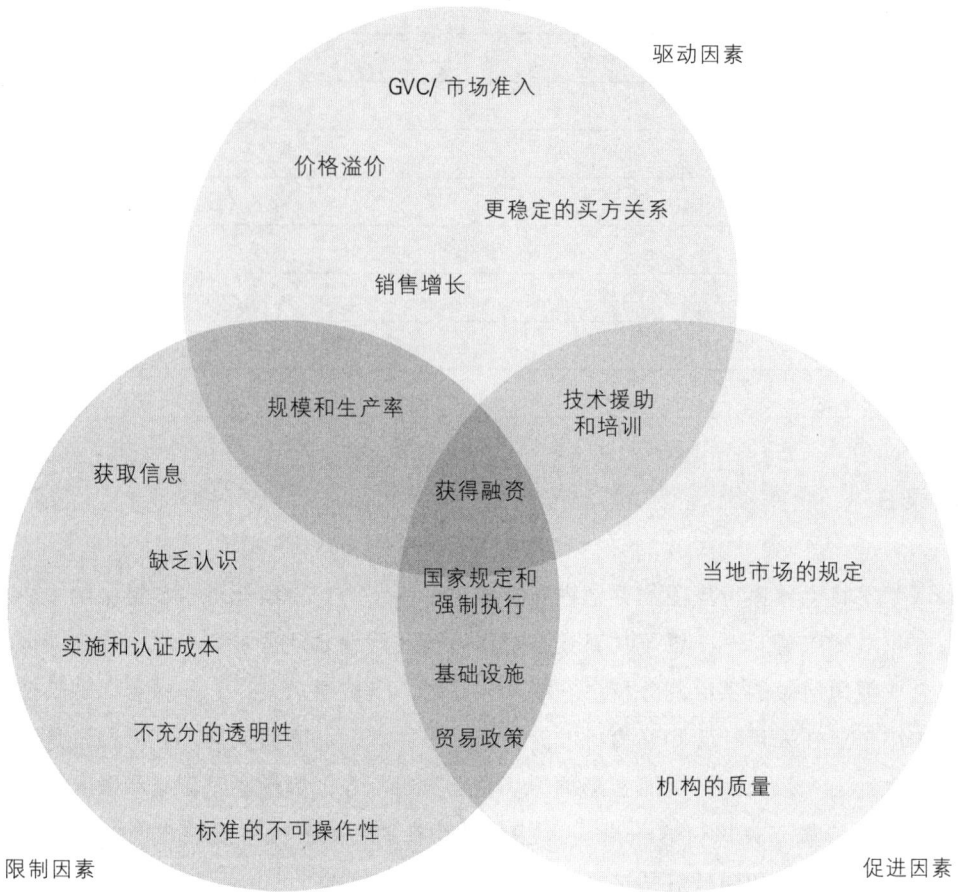

图 5B-1　实施可持续性标准的驱动因素、限制因素及促进因素

实施可持续性标准的驱动因素

采用标准的一个重要驱动因素是之后可以加入全球价值链及进入利润丰厚的市场,这些市场往往能产生价格溢价。此外,符合可持续性标准的中介和商品销量更为确定,从而使生产得以扩大。有时,标准的实施与技术援助、培训和生产率的提高相联系。最后,以可持续性为导向的中小企业可能受益于更多的融资机会。下面将详细解释这些激励因素。

市场准入和销售增长

在过去15年里，可持续产品市场显著增长。一个突出的例子是农业部门，其符合标准的产量增长了41%，导致了显著的市场拓展，而相应的传统商品市场的产量只增长了2%。[1]全球领导企业如玛氏、亿滋、联合利华、H&M、麦当劳、百事、宜家、雀巢等承诺从可持续来源中购买某些材料，从这些来源购买的份额可多达100%，这样的承诺确保了可持续增长。[2]可持续采购保证了符合标准的产品和服务市场的存在，进而将激励供应商为有机会进入这些存在（潜在的）价格溢价的利润丰厚的市场而考虑采用可持续性标准。[3]事实上，全球价值链领导企业所采取的逐渐将可持续性纳入企业社会责任（CSR）战略的方法，可以有效地使实施标准成为中小企业融入供应链和全球价值链的先决条件。此外，围绕这一先决条件，再加上市场准入、持续增加的回报、生产率和效率增进等合情合理的经济原因，可能会共同创造出商业案例。

所有这些国家的案例都表明，中小企业采用可持续性标准的重要动机是获得较大的公司作为购买方，以及进入全球价值链和（出口）市场（国家案例中的驱动因素、限制因素和促进因素概览见表5B-1）。巴西的案例进一步说明了，遵守标准可获得额外的市场准入机会。由于受法律约束，巴西的公共机构需购买对环境造成最小不利影响的产品和服务，因此公共采购鼓励可持续的做法和实践。2013年，巴西联邦政府用于公共采购的400亿雷亚尔（约合220亿美元）中，中小企业拿到了57%的份额。

符合标准的中小企业可以开拓新的市场。例如，在中国，由于中产阶级持续壮大而引致的高端消费需求不断上升，本地的优质食品和其他商品市场正在蓬勃发展。认证可作为产品差异化的一种手段，也可推动企业进入并受益于那些高价值细分市场。日益觉醒的消费者意识为巴西和南非的有机食品创造了类似的机会。然而，另外两个案例研究表明，由于缺乏消费者意识和/或缺乏繁荣的中产阶级，当地对认证产品的需求往往受到限制。市场分割可能进一步削弱市场准入产生的激励效应，结果是只有出口欧洲和美国市场的产品符合社会和环境标准，而其他产品则在国内销售或运往不那么严格的出口市场。

关于印度尼西亚的案例研究引发了一些担忧，人们担心，市场准入和融入全球价值链带来的激励效应，可能只对一小部分中小企业适用。在印度尼西亚，只有不

表5B-1　　　　　　国家案例中的驱动因素、限制因素和促进因素概览

		巴西	中国	印度	印度尼西亚	南非
限制因素	意识	(−)	−	−	−	−
	获取信息	−		−	−	−
	标准的透明性	−				
	标准的可操作性		−		−	
	实施和认证成本	−	−	−	−	−
驱动因素/ 促进因素/ 限制因素	国家规定和强制执行	−/+	(+)	(−) /+	−/+	−
	基础设施		(−)		−	(−)
	规模和生产率	−/ (+)		−/ (+)		−
	获得融资	−	−	−	(+)	(+)
	技术援助和培训	+			+	−/+
驱动因素	GVC/市场准入	+	+	+	(+)	+
	价格溢价					
	更安全的市场	(+)		(+)		(+)
	销售增长	(+)		(+)	(+)	(+)

注释：驱动因素、限制因素和促进因素的区分和重叠如图5B-1所示。如果某些因素在某些情况下充当驱动因素（标记为"＋"），而在其他情况下是限制因素（标记为"−"），则标记为"−/+"。如果在国家案例中被记为驱动因素或限制因素，但它们的重要性有限，则在括号中填入符号，标记如下："（＋）"或"（−）"。

到14%的中小企业直接或间接从事出口，大多数中小企业都是为当地市场服务的。当地市场的特点是，对生态标签认知度较低，价格竞争激烈。印度尼西亚政府采取各种措施鼓励中小企业采用可持续的做法。一些政府项目通过专门服务于中小企业的各种公共机构，提供技术援助和培训。最具雄心的一项工作是国家工业发展总计划，其目标是发展绿色工业、增强机构能力和为中小企业提供相关设施，帮助企业

从信息干预、技术援助、能力建设、认证和其他财政奖励中获益。政府还对控制污染设备支出和处理废物产生的费用等提供税收减免。

在南非，许多中小企业参与公开招标。中小企业通常没有意识到这一点，即收入增加多少取决于对标准的遵守情况。然而，一旦标准得到实施并签订合同，南非中小企业就会分享到巴西和印度中小企业的经验，从中它们将了解到此类交易提供了确定性、安全性和销售增长。[1]扩大销售是采用标准的另一个经济原因。[4]由于买方关系改善，或进入全球价值链和利润丰厚的市场，中小企业对销售会更为乐观。产量的增加可能源于对销售市场更乐观的估计，因此符合标准的公司将决定扩大生产。

实施可持续性标准的中小企业也可能拥有更稳定的买方关系，这使中小企业在销售方面具有更高确定性。巴西、印度和南非的中小企业的经历表明，可持续性标准可以促成固定合约的达成，为未来提供更高确定性。由于计划的确定性增加能够减少一些风险，投资于标准实施对中小企业来说变得更为可行。值得注意的是，当中小企业从购买方获得实施或认证有关的培训、能力建设服务或金融支持时，买方关系更有可能稳定发展。[5]一旦购买方通过金融投资和知识共享向其供应商作出承诺，保持长期关系也符合购买方自身的利益。这种情况既有利于购买方也有利于供应方。巴西和南非的一些领导企业本着这种精神，向供应商推出发展项目或对采用标准给予补贴。

生产率提高

标准的实施与生产技术和生产过程的改进有关，这保证了效率的提高。对供应商的技术援助和能力建设往往促进了生产率的提高。[6]然而，巴西的案例也凸显了一点，即通过投资于新机器和新技术来提高生产率，超出了许多中小企业的财力。案例研究提出了另外两种提高生产率的方法。首先，融入全球价值链并与大公司合作，有助于传播有关生产和管理方面的知识和技能，从而提高了中小企业的生产率和竞争力。其次，对日常业务进行小的调整，如合理用水、更有效地使用能源、更好地管理生产投入和产出，可以降低生产成本、提高效率。印度的案例还表明，遵

---

① 印度尼西亚木材企业家协会（APHI）称，认证促进了国际市场上销量的增加。由于大多数认证出口商都是较大的企业，因此不清楚认证能否给中小企业带来好处。

循可持续性实践和标准会减少浪费并节约成本。

是否采用新技术和可持续做法以提高生产率，在很大程度上取决于公司的领导层和管理层。对于中小企业来说，战略规划往往集中在管理者/企业家身上。巴西的案例表明，年轻一代企业家身上日益增强的社会和环境意识，有助于推动可持续性发展。印度的案例研究强调，除个人偏好之外，更高层次的教育和知识使印度的企业家能够对商业战略和生产技术进行影响深远的改革，以获得认证。

价格溢价

尽管符合标准的产品针对的是市场中的高价值细分市场，从而保证了价格溢价，但国家案例并没有证实这一机制是直接驱动因素。与此相符，现有文献也并没有得出确定性结论。尚无明确的证据表明，供应链上游生产商所得到的最终产品的最高价格能够逐渐转化为价格溢价。人们普遍认为，标准的实施能转化为价值链上更高的价格和收入。[7]在某些情况下，小农户和中小企业卖出了更高价格，[8]这当然会对中小企业采用可持续性标准起到很大的激励作用。然而，也有文件表明，价值链的结构和治理可能会导致额外收入在零售商和中间商间不均匀分配，从而让人对上游生产商所获价格溢价的重要性产生了怀疑。[9]

获得融资

一些标准方案和以可持续性为导向的领导企业所提供的资金超出了实施和认证所需的资金，从而提高了遵守可持续性标准的吸引力。[10]在给定的国家案例研究中，没有明确的证据表明遵守标准和优先获得融资之间存在联系。①这并不令人感到惊讶，因为这类机制仍处于早期阶段，预计将广为传播。随着越来越多的开发银行、影响型投资者和基金在其贷款条款和条件中加入可持续性标准，预计标准的采用将使中小企业在融资中处于有利地位。即使是商业银行也可能希望将认证作为贷款筛选中的一个标准，因为认证是（出口）市场准入、良好治理和稳健财务基础的重要体现。②此外，认证还有助于评估信誉，因为符合标准的公司更有可能提供相关的文件。一项研究发现，90%获得认证的生产者有财务记录，相比之下，没有

---

① 一个例外是印度尼西亚的软贷款项目，该项目为投资于可持续实践（如减排）的企业提供融资。
② 标准对融资的这种间接贡献已在南非部分中小企业中观察到。

获得认证的生产者中只有31%有财务记录。[11]因此，实施可持续性标准也可以间接地改善中小企业的融资能力。

国家规定

如果经济刺激，如市场准入、销量增加、生产率提高、更稳定的买方关系、价格溢价和/或融资状况改善，还不足以创造一个采用可持续性标准的商业案例，各国政府可能进行干预，通过国家规定要求实现某些最低标准。例如，在巴西和印度，虽然中小企业的环保意识普遍较低，但强制性法规被证明能有效地促使中小企业实施标准，因为中小企业对法律的严厉惩罚非常敏感。中国和印度尼西亚已经制定了国家标准，如中国森林认证体系（CFCS）和印度尼西亚棕榈油可持续发展计划（ISPO），这些国家标准是全国生产商的强制性标准，从而推动了标准的实施。[①]

实施可持续性标准的限制因素

大多数约束都与中小企业采用标准的增量成本有关，首先是关于要求、业务潜力和不同标准的可操作性等高昂的信息检索成本。实施成本的产生是由于为满足要求必须进行投资，同时证明合规性也产生了认证成本。例如，糟糕的测试设施和认证服务基础设施进一步增加了成本。许多中小企业没有足够的规模、生产率和技术，故而无法在实施可持续性标准之后仍有利可图，或者产生只有领导企业才能从可持续性升级中获得额外收入的预期。最后，过于宽松的全国性社会和环境法规对采用标准的影响是消极的，因为相对于不遵守标准的竞争对手而言，执行更严格自愿标准的企业，其成本会急剧增加。

缺乏认识和获取信息的途径

许多中小企业和潜在供应商苦于缺乏对有关可持续性标准的认识。这可能是由于中小企业管理层相关认识整体上不足，以至于社会和环境标准不会被纳入公司的战略规划之中（例如在巴西、中国、印度）。印度、印度尼西亚和南非的中小企业往往没有意识到可持续性标准可能给企业带来的价值；执行社会和环境标

---

① 虽然这种强制性的国家标准可能会提高标准的采用率，但也有严重缺陷。在"实施可持续性标准的限制因素"一节"标准的不可操作性"中，我们简要讨论了其中一个相关的问题。

准可能是公司下一步发展的先决条件，即加入全球价值链，以便在本地市场之外发展。

然而，即使是对相关标准的认识也留下了大量有待解决的问题。对于如何以及在何处申请认证等接下来要解决的实际问题，中小企业通常不知道如何处理，比如印度和印度尼西亚就属于这种情况。可用的时间和资源会对是否实施标准起决定性作用。[12]此外，战略选择也因满足标准的隐性、间接成本，以及不容易货币化的收益而变得复杂。[13]南非的案例表明，中小企业往往需单独处理这些问题，尽管它们在整个过程中需要技术援助和指导，该过程涉及通过成本收益分析选择一套合适的标准，还涉及采用标准和遵守标准。南非标准局（SABS）正努力向中小企业提供有关信息，因为中小企业广泛且分散，语言障碍、互联网接入率低，以及有限的文化水平也影响了信息援助的效果。①在巴西和印度，中小企业需要聘请一名咨询师来分析采用何种标准，以及如何最好地实施标准。但是，由于中小企业通常没有必要的财力，它们无法获得这一重要信息。②

此外，已经融入全球价值链中的中小企业面临着各种各样的信息鸿沟。在内容、要求和认证方面，标准缺乏足够的透明度，这给中小企业带来了额外的交易成本。[14]对于巴西的中小企业来说，往往不清楚哪些做法是重要的，以及为使做法可持续应在何处优先变革。另一个问题是，领导企业对一些供应商不遵循标准的行为视而不见，缺乏有效监督，这逐渐削弱了其他供应商坚守可持续性的动机。

标准的不可操作性

一方面，国际标准组织有时不了解当地的环境和技术状况，这意味着标准、规范和规章可能不适用于当地环境。申请人或当地非政府组织必须围绕如何执行标准展开工作，如同在印度尼西亚所做的那样。另一方面，就互操作性而言，标准通常是有缺陷的：以可持续性为导向的中小企业可能面临来自不同购买方、金融机构和

---

① 在南非，只要其他利益相关者与中小企业之间有既定的利害关系，它们就会负担中小企业的培训成本。例如，领导企业为了让供应商维护其行为规范，前者或许会支付后者的培训费用。但遗憾的是，这只是一个例外，因为许多公司认为提升当地中小企业能力建设与自身无关，而是政府机构的分内之事。
② 对技术援助和咨询的需求意味着管理技能、雇员资格和日常业务融合也是一个问题（例如在中国、印度、印度尼西亚）。

其他业务伙伴的各种标准，这些标准包含了不同的要求。由于缺乏协调，中小企业面临实施、文档记载和多个认证的并行过程，这大大增加了达标成本。[15]中国和印度尼西亚的情况较为特殊，两国政府已经制定了国家标准（CFCS标准和ISPO标准），而不是直接采用国际标准。这些国家的生产者必须采用国家标准，但在大多数情况下，出口公司为进入出口市场必须承担因执行更严格的国际标准（FSC标准和RSPO标准）而额外产生的成本。

实施和认证成本

五个不同的国家案例得出了一个共同的结论，即决定中小企业采用可持续性标准的总成本的关键因素是实施和认证成本。标准实施通常需要新的投资，以改进生产技术和生产过程，甚至可能因为生产方法花费更大而增加运营成本。认证包括为满足必备文件要求而产生的行政成本，以及第三方验证及认证的成本。这些费用经常出现，因为认证需要更新，工作人员必须在某些程序中接受再培训。由于实施和认证或多或少可以被描述为固定成本，小企业尤其认为这些成本高得令人望而却步。[16]因此，在巴西和印度，中小企业在没有获得正式认证的情况下采取从众的做法并不少见。

为了控制增量成本，小规模生产者和中小企业可以将自己组织成集体和合作社，或者使用团体认证来处理实施和认证费用。[17]另一个降低成本的策略是在生产者和购买方之间分摊成本。在降低实施成本的案例中，有36%的案例运用了这种策略，而在降低认证成本的案例中，有45%的案例运用了这种策略，尽管这样的方案可能会产生依赖性和权力失衡。[18]在南非，有一项由SABS发起的能力建设倡议已准备就绪，该倡议覆盖15%的成本，中小企业负担5%的成本，剩余的80%由参与全球价值链的企业比如采矿公司负担。印度政府为某些国家和国际标准的认证费用设置了各种补贴和补偿方案。

基础设施

国际标准组织从战略上决定在哪些国家设立办事处，因此标准在不同国家的存在形式和受关注度将会因时因地而异。因为标准的可得性与GDP、物流绩效、机构质量和是否具有WTO成员资格等密切相关，所以发展中国家和新兴国家整体上没有得到足够的标准相关服务。[19]即使标准在发展中国家和新兴国家得到实施，但糟糕的检测设备等基础设施往往会产生负面影响，或显著增加认证的时间和成本；[20]这在一定程度上是中国存在的一个问题。虽然物流、信息和通信技术基础设施可能不会成为采用可持续性标准的直接原因，但它肯定有利于标准的实施，而这些基础设施较低的质量损害了为采用可持续性标准所付出的努力——正如在印度尼西亚和南非所观察到的那样。

规模和生产率

在巴西、中国和印度，缺乏融资渠道和现代技术是一个主要约束，加之当地可持续产品市场规模有限，使某些公司的规模和生产率相形见绌。[21]因此，正如印度案例所显示的那样，中小企业既没有足够的规模，也没有足够的生产效率来可持续地满足和维持标准要求。巴西的案例强调，规模对中小企业来说也是个问题，因为许多过程和技术，如内部回收、废物管理和绿色能源生产，仅仅对一定规模的企业而言才具有财务和操作上的可行性。由于规模不足和生产率不高而产生的另一个不利因素是，中小企业与控制和支配市场以及加入全球价值链的大公司相比是无能为力的——正如南非案例所显示的那样。中小企业可能对进入市场不抱希望，甚至放弃与供应商的竞争，因为后者通常握有长期合同。因此，许多中小企业对采取措施融入全球价值链感到心灰意冷，也就不会采用可持续性标准。①

在印度，中小企业被组织成同质的集群，以减轻个体中小企业面临的规模不经济问题。产业集群和相关网络为专业化和创新提供了独特的环境。小企业基本上可以将经营小主体的优势与大主体提供的规模收益结合起来，即改进生产技术，获得资金、竞争力和市场支配力。

国家规定和强制执行

如果劳工和环境问题的法律规定或执法过于宽松，那么在执行标准和相关成本方面，遵守自愿可持续性标准的公司与不遵守这类标准的竞争者之间的差距就很大。因此，与不符合标准的国内竞争对手相比，符合标准的中小企业面临着更大的负担和成本劣势。[22]在南非，某些部门关于工作场所条件或环境管理的强制性标准的缺失与自愿标准采用率较低有关。法规需要为最低要求设置基线或底线。监管机

---

① 南非的案例表明，如果中小企业融入全球价值链，它们就可能会失去自己的知识产权，因为从长期看大型公司往往会同化中小企业。对知识产权损失的预期可能会阻止南非中小企业加入全球价值链。印度尼西亚中小企业也有类似担忧，担心加入全球价值链会导致知识产权丧失。

构的被动也会导致现有法规的实施过于宽松。尽管印度尼西亚和印度已经引入了强制性标准，但采用率（尤其是中小企业的采用率）相对较低。一个原因可能是，相关政府职能机构往往未能起诉没有采用标准的小企业，这些小企业从而得以逃避罚款和更严重的法律处罚，因此也没有获得认证的压力。印度政府机构人手不足，也加剧了这一问题的严重性。

尾注

1.Potts，J.，M. Lynch，A. Wilkings，G. Huppe，M. Cunningham，and V. Voora. 2014. "The State of Sustainability Initiatives Review 2014：Standards and the Green Economy." International Institute for Sustainable Development，and the International Institute for Environment and Development.

2.See COSA. 2013. "Measuring Sustainability Report：Coffee and Cocoa in 12 Countries." Committee On Sustainability Standards；International Trade Centre. 2016. "Influencing Sustainable Sourcing Decisions in Agri-Food Supply Chains." International Trade Centre，Geneva；and Potts，J.，M. Lynch，A. Wilkings，G. Huppe，M. Cunningham，and V. Voora. 2014. "The State of Sustainability Initiatives Review 2014：Standards and the Green Economy." International Institute for Sustainable Development，and the International Institute for Environment and Development.

3.See International Trade Centre. 2016. "SME Competitiveness Outlook：Meeting the Standard for Trade." International Trade Centre，Geneva；International Trade Centre，and European University Institute. 2016. "Social and environmental standards：Contributing to more sustainable value chains." International Trade Centre，Geneva；and United Nations Forum on Sustainability Standards. 2016. "Meeting Sustainability Goals：Voluntary

Sustainability Standards And The Role Of The Government." UNFSS.

4. International Trade Centre. 2016. "SME Competitiveness Outlook: Meeting the Standard for Trade." International Trade Centre, Geneva.

5. See COSA. 2013. "Measuring Sustainability Report: Coffee and Cocoa in 12 Countries." Committee On Sustainability Standards; International Trade Centre, and European University Institute. 2016. "Social and environmental standards: Contributing to more sustainable value chains." International Trade Centre, Geneva; and United Nations Forum on Sustainability Standards. 2016. "Meeting Sustainability Goals: Voluntary Sustainability Standards And The Role Of The Government." UNFSS.

6. See International Trade Centre, and European University Institute. 2016. "Social and environmental standards: Contributing to more sustainable value chains." International Trade Centre, Geneva; and United Nations Forum on Sustainability Standards. 2016. "Meeting Sustainability Goals: Voluntary Sustainability Standards And The Role Of The Government." UNFSS.

7. See Alvarez, G. and O. von Hagen. 2011. "The Impacts of Private Standards on Producers in Developing Countries: Literature Review Series on the Impacts of Private Standards, Part I." International Trade Centre, Geneva; Alvarez, G. and O. von Hagen. 2011. "The Impacts of Private Standards on Producers in Developing Countries: Literature Review Series on the Impacts of Private Standards, Part II." International Trade Centre, Geneva; COSA. 2013. "Measuring Sustainability Report: Coffee and Cocoa in 12 Countries." Committee On Sustainability Standards; International Trade Centre. 2016. "SME Competitiveness Outlook: Meeting the Standard for Trade." International Trade Centre, Geneva; and United Nations Forum on Sustainability Standards. 2016. "Meeting Sustainability Goals: Voluntary Sustainability Standards And The Role Of The Government." UNFSS.

8. See COSA. 2013. "Measuring Sustainability Report: Coffee and Cocoa in 12 Countries." Committee On Sustainability Standards; International Trade

Centre. 2016. "SME Competitiveness Outlook: Meeting the Standard for Trade." International Trade Centre, Geneva; Kersting, S. and M. Wollni. 2012. "New institutional arrangements and standard adoption: Evidence from small-scale fruit and vegetable farmers in Thailand." *Food Policy*, Vol. 37, No. 4, pp. 452-462; and Subervie, J. and I. Vagneron. 2013. "A drop of water in the Indian Ocean? The impact of GlobalGap certification on lychee farmers in Madagascar." *World Development*, Vol. 50, pp. 57-73.

9. See Alvarez, G. and O. von Hagen. 2011. "The Impacts of Private Standards on Producers in Developing Countries: Literature Review Series on the Impacts of Private Standards, Part I." International Trade Centre, Geneva; and United Nations Forum on Sustainability Standards. 2016. "Meeting Sustainability Goals: Voluntary Sustainability Standards And The Role Of The Government." UNFSS.

10. United Nations Forum on Sustainability Standards. 2016. "Meeting Sustainability Goals: Voluntary Sustainability Standards And The Role Of The Government." UNFSS.

11. Rainforest Alliance. 2013. "Farmer Bankability and Sustainable Finance: Farm-Level Metrics That Matter." Rainforest Alliance, New York.

12. International Trade Centre. 2016. "SME Competitiveness Outlook: Meeting the Standard for Trade." International Trade Centre, Geneva.

13. COSA. 2013. "Measuring Sustainability Report: Coffee and Cocoa in 12 Countries." Committee On Sustainability Standards.

14. International Trade Centre, and European University Institute. 2016. "Social and environmental standards: Contributing to more sustainable value chains." International Trade Centre, Geneva.

15. United Nations Forum on Sustainability Standards. 2016. "Meeting Sustainability Goals: Voluntary Sustainability Standards And The Role Of The Government." UNFSS.

16. International Trade Centre. 2016. "SME Competitiveness Outlook:

Meeting the Standard for Trade." International Trade Centre，Geneva.

17. See Food and Agriculture Organization of the United Nations. 2014. "Impact of international voluntary standards on smallholder market participation in developing countries：A review of the literature." FAO，Rome；and International Trade Centre，and European University Institute. 2016. "Social and environmental standards：Contributing to more sustainable value chains." International Trade Centre，Geneva.

18.See International Trade Centre. 2016. "SME Competitiveness Outlook：Meeting the Standard for Trade." International Trade Centre，Geneva；and United Nations Forum on Sustainability Standards. 2016. "Meeting Sustainability Goals：Voluntary Sustainability Standards And The Role Of The Government." UNFSS.

19. International Trade Centre，and European University Institute. 2016. "Social and environmental standards：Contributing to more sustainable value chains." International Trade Centre，Geneva.

20. International Trade Centre. 2016. "SME Competitiveness Outlook：Meeting the Standard for Trade." International Trade Centre，Geneva.

21.See International Trade Centre. 2016. "SME Competitiveness Outlook：Meeting the Standard for Trade." International Trade Centre，Geneva；International Trade Centre，and European University Institute. 2016. "Social and environmental standards：Contributing to more sustainable value chains." International Trade Centre，Geneva.

22. United Nations Forum on Sustainability Standards. 2016. "Meeting Sustainability Goals：Voluntary Sustainability Standards And The Role Of The Government." UNFSS.

本团队谨向以下组织或企业表示感谢，感谢它们对构成项目重要内容的调查问卷给予的回答：

AB InBev

AB Lindex

AeroFarms

African Social Entrepreneurs Network

ALDI SUD

AMP Credit Technologies

Argentinian Chamber of Commerce and Services

Banco Central do Brasil

Banco Santander SA

Banco Triangulo SA

Banco Votorantim SA

Bank of Italy

Baolide Holding Group

BBVA

Business Partners International

Caixa Economica Federal

Cenfri

Council of Europe Development Bank

Deuter Sport GmbH

Development Bank of Rwanda

Esprit

European Bank for Reconstruction and Development

Finance Alliance for Sustainable Trade

Finance in Motion

F. O. BAGS GmbH

German-Armenian Fund

GMU Group

HAVEP

Hessplast Packaging Industry

Hormel Foods Corporation

Inter-American Development Bank Group

International Fund for Agricultural Development

International Labor Organization，Social Finance Program

Investissement Quebec

KiK Textilien & Nonfood GmbH

Kiva.org

KfW

Kountable

Lanka Impact Investing Network

Li & Fung

Los Alamos National Lab

METRO

National Bank of Belgium

Octet

Old Mutual Emerging Markets

People's Bank of China

responsAbility

Root Capital

Schoffel Sportbekleidung GmbH

Sicredi

Siemens

Special Secretariat of Micro and Small Enterprises，Brazil

Standard Chartered

Tchibo GmbH

Tee Yih Jia Food Mfg Pte Ltd

TradeKey.com

Trans Capital Finance

Triple Jump

Turkish Industry and Business Association

Undersecretariat of Treasury，Turkey

U.S. OPIC

Vermeer Corporation

Visa, Inc

WEBER Rescue

XSML Capital

后　记

　　为了系统介绍普惠金融领域国际组织有关中小企业融资的重要文件和报告，我们组织选编和翻译了这本系列报告集，定名为《中小企业融资的高级原则、评估框架与国际实践》。《中小企业融资的高级原则、评估框架与国际实践》共包括五篇文献：《二十国集团中小企业融资行动计划》《二十国集团/经合组织中小企业融资高级原则》《二十国集团中小企业融资行动计划实施框架：信用基础设施国家自评估》《运用替代性数据强化征信功能，提高非正规经济中个人和中小企业数字金融服务可得性》《可持续全球价值链中的中小企业融资》。

　　其中，前三篇报告为中小企业融资领域比较重要的文件，分别涵盖二十国集团中小企业融资领域的行动计划、高级原则和评估框架；第四篇报告由国际征信委员会（ICCR）撰写，讨论了替代性数据在中小企业融资中的运用，是该领域目前较具价值的探索方向，也具有较强的实践意义和指导价值；第五篇报告由世界银行集团撰写，立足于价值链融资，同时着眼于可持续发展，并将二者有机结合起来，兼具理念指导价值和实践参考价值。整体上看，全书构成了中小企业融资"政策—指引—实践"的完整体系。

　　全书由中国人民银行金融消费权益保护局及分支机构的同事共同完成。我们希望借出版之机，能将这些文献介绍、呈现给读者。

　　《二十国集团中小企业融资行动计划》由谢霆（福州中支）、张旸（太原中支）、蒋智渊（宁波中支）翻译（以上按承担任务顺序），白当伟校改了整个报告。

　　《二十国集团/经合组织中小企业融资高级原则》由蒋润东、茹中昊翻译，白当伟校改了整个报告。

　　《二十国集团中小企业融资行动计划实施框架：信用基础设施国家自评估》由

李潇潇、汪天都、蒋润东、冯丝卉、谢霓（福州中支）翻译，白当伟校改了整个报告。

《运用替代性数据强化征信功能，提高非正规经济中个人和中小企业数字金融服务可得性》由李芃（西安分行）、张丽康（长沙中支）、陈飞（银川中支）、张晓梦（成都分行）、阎晨迪（郑州中支）、周蕾（南昌中支）、尚楠（石家庄中支）、赵鑫（贵阳中支）、吴晓艳（连云港中支）（以上按承担任务顺序）翻译，白当伟校改了整个报告。

《可持续全球价值链中的中小企业融资》由李潇潇、蒋润东翻译，白当伟校改了整个报告。

全书翻译工作得到了马绍刚、尹优平的指导。全书译文最后由余文建审定。

本书能够出版，首先要感谢东北财经大学出版社国际合作部对普惠金融事业的热情关注和大力支持，特别是李季主任和吉扬编辑的努力和付出。本书的翻译、出版亦得到了中国人民银行金融消费权益保护局及分支行金融消费权益保护处（办公室）领导、同事的大力支持，冯丝卉在组织翻译方面做了许多协调工作，在此一并致谢！

对于本书翻译中存在的不足之处，欢迎读者批评指正。

译　者

2021年2月